JN164847

囚われた若き僧　峯尾節堂

囚われた若き僧 峯尾節堂

未決の大逆事件と現代

田中伸尚
Nobumasa Tanaka

岩波書店

目次

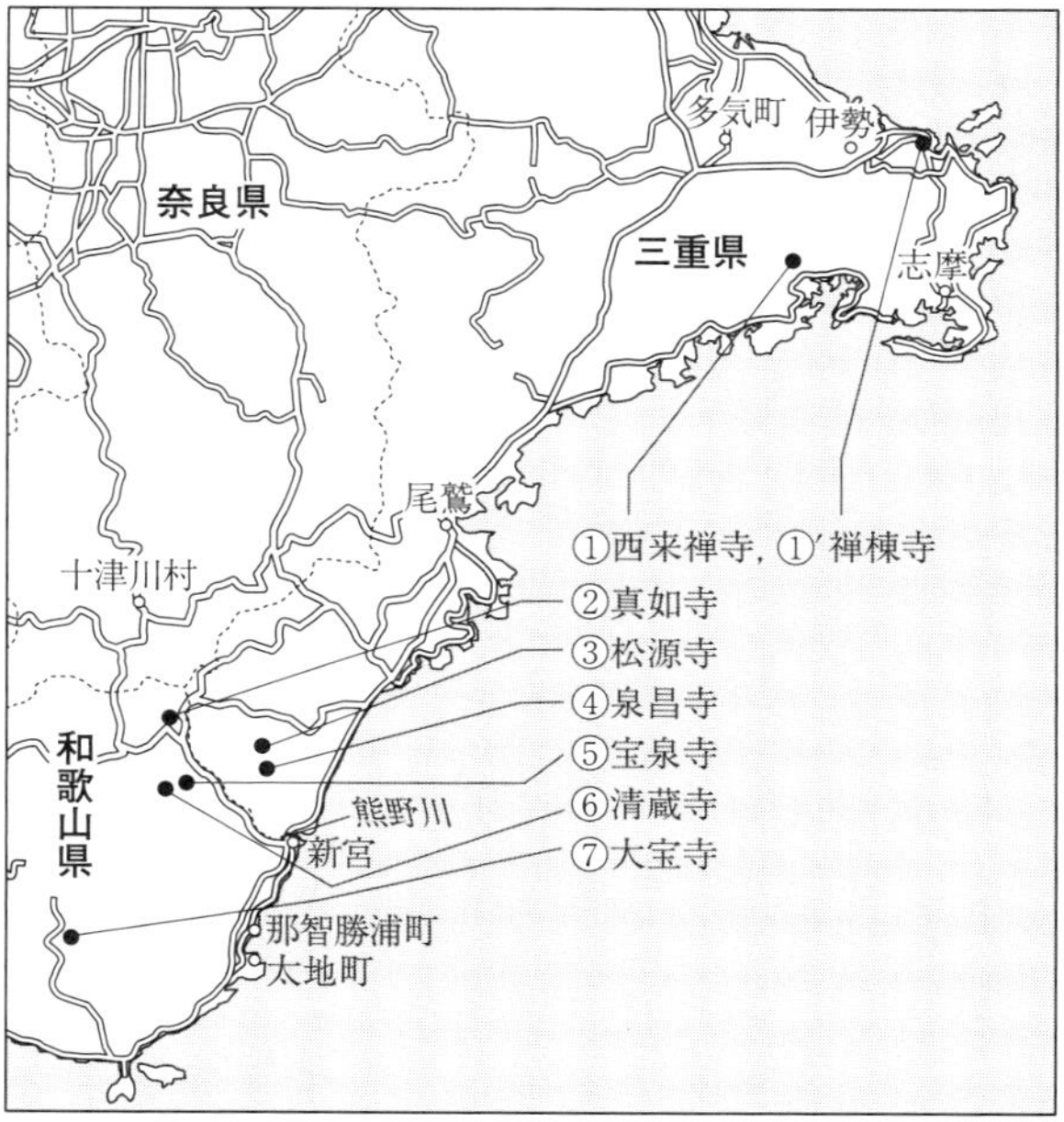

峯尾節堂が転々とした寺院及び関係寺院(1)(三重県・和歌山県)

①西来禅寺，①′禅棟寺：いずれも新宮から120キロ以上離れている三重県の寺．両寺院には1907年夏ごろから短期間，世話になる．
②真如寺：1904年7月，僧侶になって初めて留守居僧．翌05年秋住職になるも2年足らずで退職．以後各地の寺を転々．
③松源寺：1892年，7歳で得度した寺．俵本宜完和尚より「節堂宜圓」の法名を受ける．以後，節堂．
④泉昌寺：真如寺の留守居僧の後で，招かれて留守居僧に．給与のことで檀家と衝突し，離れる．後にしばしばここで寺務を手伝い，1909年2月に再び留守居僧となり，「大逆事件」に遭遇．
⑤宝泉寺：妻となったノブヱが育ったといわれる曹洞宗の寺．事件後，この寺に匿われた可能性が高い．
⑥清蔵寺：ノブヱの兄の北畠宗謙が小僧をし，のち住職になった．事件後，ノブヱを匿ったという説もあるがどうか．
⑦大宝寺：各地の寺を転々としていた1907年末から08年にかけて3カ月ほど留守居僧となり，成石平四郎に自画像などを描いたはがき送る．

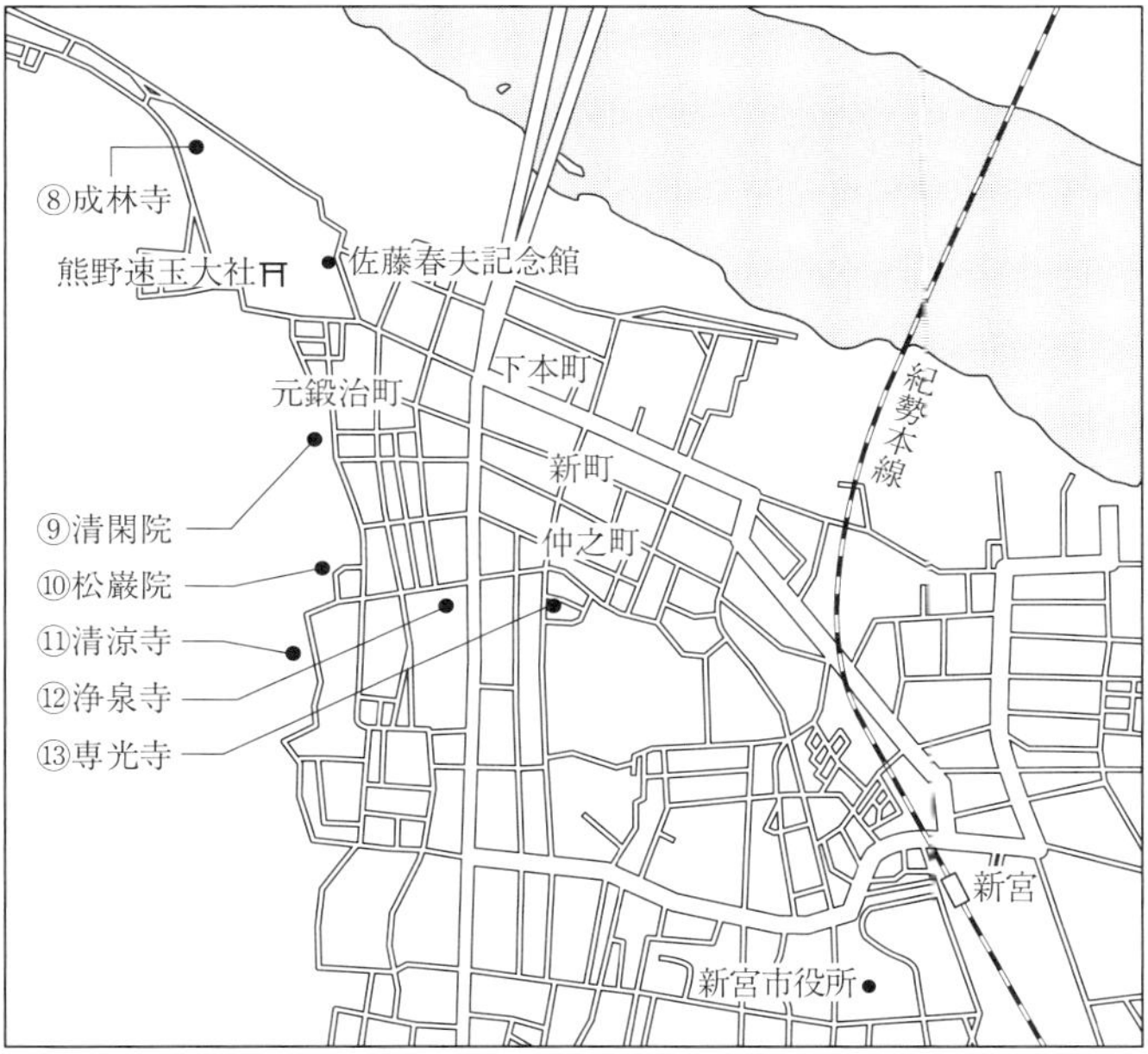

峯尾節堂が転々とした寺院及び関係寺院(2)(新宮市内)

⑧成林寺：真如寺の住職を退職後，職を求めて上京するがうまくいかず，帰郷後ここで寺務を手伝いながら暫く労働に励む.

⑨清閑院：客僧をしていた後に，ノブヱと挙式した寺.「大逆事件」で，﨑久保誓一が仮寓していたときに家宅捜索.

⑩松巌院：小僧をしていた．ここから京都・妙心寺へ修行に行くも，眼病などで帰郷．その後も時どき世話になる.

⑪清涼寺：千葉監獄に入獄中に母・うたが住職三好の世話になり，養女に．戦後の住職が節堂の戒名をつける.

⑫浄泉寺：唯一の真宗大谷派の寺院で，節堂は小僧時代に住職・髙木顕明を知っていた．談話会などがしばしば開かれて，節堂も聞きに行った.

⑬専光寺：浄土真宗本願寺派の寺院．ノブヱの兄・宗謙の妻はこの寺の出身.

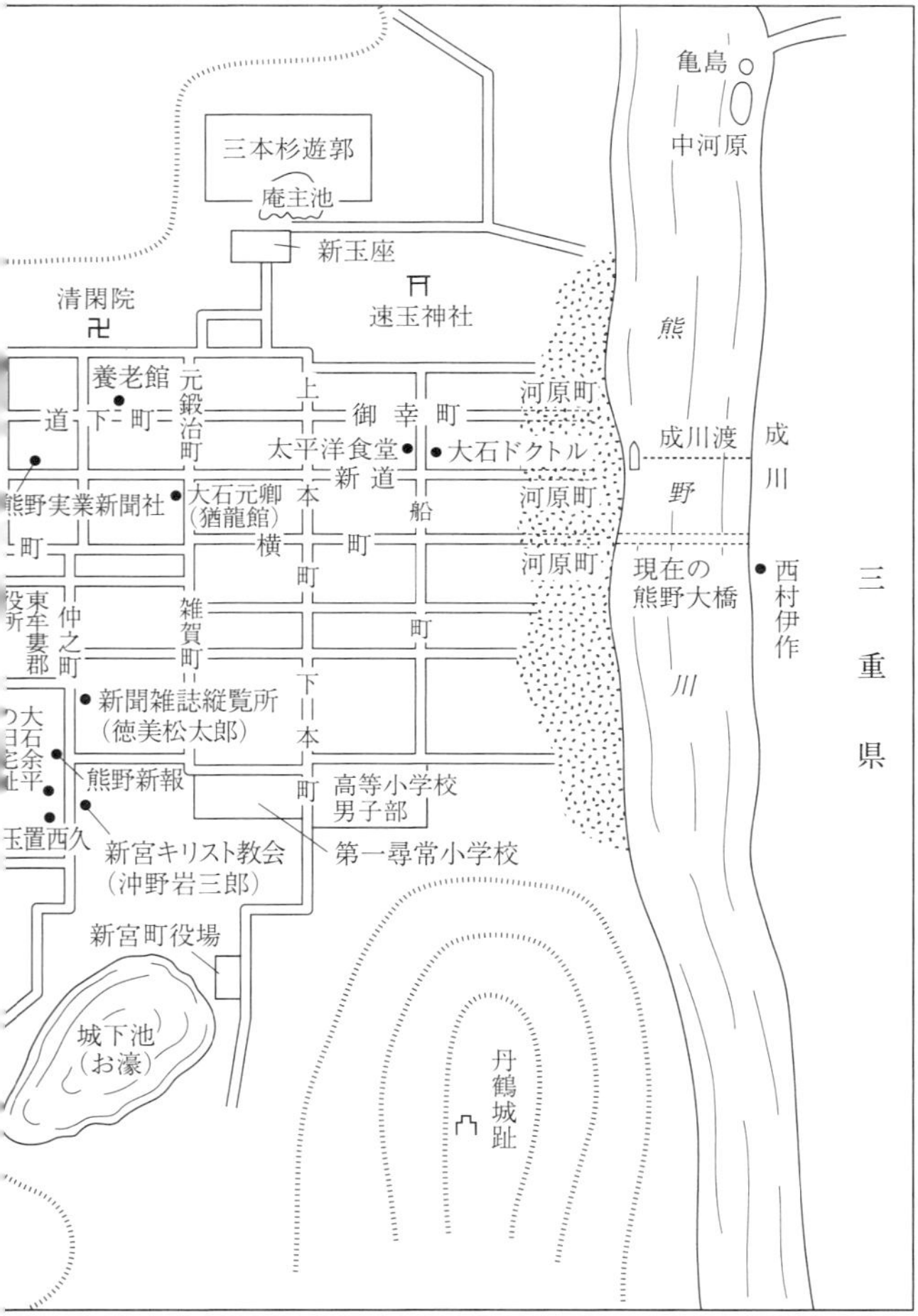

1907 年ごろの新宮町

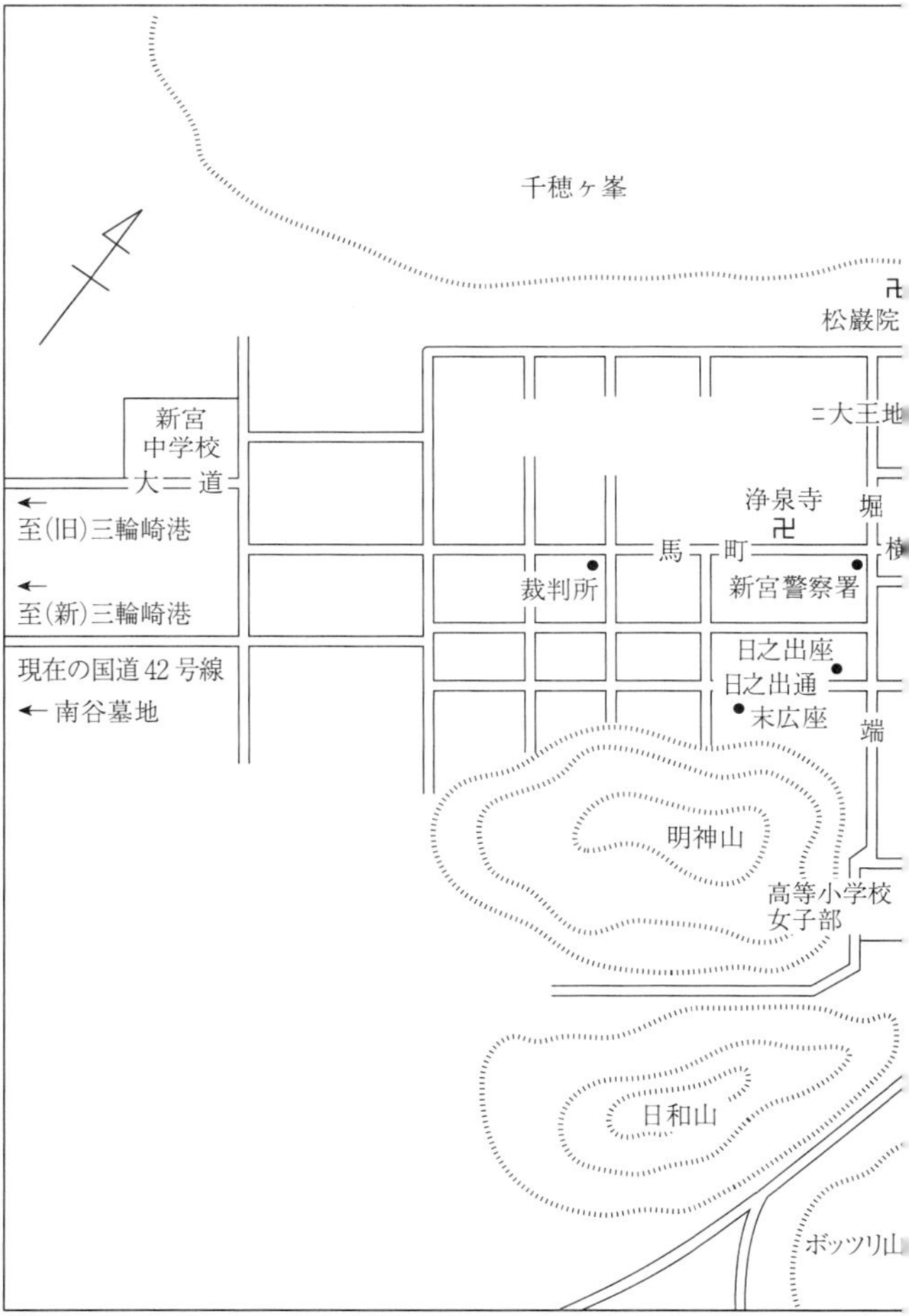

出典：森長英三郎『禄亭大石誠之助』(岩波書店，1977年)をもとに作成．

（表記などについて）

＊資料の引用は読みやすさを考慮し、原則として旧漢字、旧仮名遣い、カタカナ、送り仮名については、それぞれ改め、適宜句読点を補った。また当時使われた難読漢字についてもひらがな等に置き換えたところがある。

＊引用資料中、〔　〕内は筆者の注である。

＊旧地名は分かる範囲で現在の地名を括弧内で表記した。

＊過去の肩書は、原則として当時のままにした。

＊故人については敬称を省いた。

＊年齢はとくに断らない限りは、満年齢で表記した。

＊年号表記は西暦で統一し、適宜括弧内で元号を補った。

＊峯尾節堂の表記は、親族による戸籍確認で本文は「峯尾」に統一した。引用資料で「峰尾」になっている場合は、それに従った。

＊専修大学今村法律研究室編『大逆事件』1－3（専修大学出版局、二〇〇一－〇三年）は、『大逆事件』1などと略記した。

第1章　節堂の妻を探して

峯尾節堂(1909年4月ごろ．82ページの集合写真より．新宮市立図書館提供)

阪松原の静けさ

ＪＲ紀勢《きせい》線の新宮《しんぐう》駅前から三重県・紀宝《きほう》町の阪松原《さかまつばら》へのアクセスは、車がなければバスに乗るしかない。

八月が尽きるころというのに紀伊半島南端の陽射しは強烈でかっと照りつけ、日蔭に入っても暑気が身体をじとっと包む。私は教えられた午前九時四〇分・新宮駅発の三重交通の上桐原《かみきりはら》行きバスに乗車した。目的地のバスストップまでは「四〇分ほど」と案内所の職員に言われたが、運転席斜め上の料金表には終点までワンコインの一〇〇円と表示されていた。運行は三重交通だが紀宝町のコミュニティバスで、乗客は私一人だった。

バスは、熊野灘にそそぐ和歌山県と三重県の境を流れる熊野川に架かる熊野大橋を渡ると、相野《おの》谷《だに》川に沿って北へ上って行く。やがて川から離れて田園地帯をガタガタゆれながら走った。途中のバス停から年配の女性が一人乗ってきたが三つ目のバス停で降り、後はまた私だけになった。教えられた阪松原生活改善センターで下りると、案内を頼んでいた田中敏子さんが軽乗用車で待っていた。

一九三七年生まれという田中さんは、対向車とのすれ違いは難しい、狭くカーブの多い急坂を上り切ったところにひっそりと佇《たたず》む泉昌寺《せんしょうじ》まで、思いのほか巧みなハンドルさばきで案内してくれた。

臨済宗妙心寺派に属する泉昌寺は、新宮市内の同派の寺が正月や春秋の彼岸の時期、檀家の年忌だけの世話をしている住職のいない無住の小さな山寺である。檀家数は現在、わずか三八軒という。寺院の境内には付き物のサルスベリの鮮やかな枝ぶりにたわわに実った赤い花が綿のように誇って、隣りの白い小花をひっそりとつけるモッコクを圧しているかのよう。

境内から目を下方へ落としていくと、田畑や樹々の中にぽつんぽつんと建つ民家は切り絵を想わせる。人里離れた寂しい山の寺は街の大きな寺院と違って、住職のいない無住寺が少なくない。妙心寺派の和歌山教区（和歌山県と三重県の一部を含む）には約一八〇カ寺あるが、うち半数が無住だという。泉昌寺は現在も無住だが、過去にも無住時代や留守居僧に寺務を頼んでいた時代があった。長閑《のどか》に見える周囲を見ながら私は、かつて無住だった泉昌寺の寺務を兼務していた、新宮市内の寺の住職から聞いた話を思い出していた。「若いころ、何度か泉昌寺へ行きましたが、歩くしかないんですね。渡し舟もありましたが、坂の上まで行けるわけではありませんから。道中、草鞋《わらじ》が破れて何足も取り替えてね」。

一九一〇年夏、予期せぬ「大逆事件」に襲われ、人生がでんぐり返った若き禅僧の峯尾節堂は〇九年二月ごろからこの泉昌寺で留守居僧をしていた。当時彼は、「ノブ」もしくは「のぶ」というとても美しい女性と結婚し、泉昌寺で新婚生活を送っていたと伝えられている。

「今日は、昔のことを聞いているかもしれない八〇歳以上の檀家さん一〇人ほどに集まってもらっています。でも大逆事件とか、峯尾節堂さんや奥さんのことを聞いている人がおられるか、よう分かりません」

峯尾節堂が留守居僧をしていた三重県紀宝町阪松原の泉昌寺．1957年に建て替えられている（2017年，筆者撮影）

田中さんはそう言いながら、二〇畳ほどの狭い本堂で待っていた阪松原に住む檀家を紹介してくれた。二人をのぞいて全員が八〇歳以上で、中には九〇歳を超えている人もいた。

一〇〇年以上も前とはいえ、天皇、皇太子を暗殺しようとしたという国家の作った物語によって二四人もの人が死刑判決を受け、半数の一二人が一週間で処刑され、残りの一二人が無期になった「大逆事件」は、世紀の国家犯罪だった。節堂は死刑判決を受けたが無期に減刑され、千葉監獄の獄《ひとや》の中で三三歳の若さで死した。檀家の中にも節堂の悲劇はもちろん、新婚早々の妻のことも切れ切れではあっても何か語り伝えられてあるのではないか。私はそんな期待を持っていた。

「節堂さんがここにいたことなんて全然知らなんだ」「奥さんと一緒に住んでいた？　うちのお祖母さんからも何にも聞いたことないなあ」「別嬪《べっぴん》さんゆうても知らんなあ」「事件のことも全然聞いてないしなあ」「私ら、一〇年ほど前に他から教えてもろうて事件や節堂さんのことを初めて知ったんや」「節堂さんてイケメンやろ」……交々《こもごも》の語りは、阪松原で言い伝えられていることというより、「大逆事件」一〇〇年前後に他所から届くようになった脈絡のない、断片であった。事件のこと、節堂のこと、そして「ノブ」のことは何一つ伝わっていなかったのだろうか。本堂の廊下の壁には、節堂の縁戚になる故・正木健雄さんが事件一〇〇年前後にこの寺を訪れ、事件の残虐性を訴える話をしたという新聞記事のコピーが一枚貼ってあり、本堂を通り抜けていくような微《かす》かな風に揺れていた。

田中敏子さんはしかし、事件やそれに関することが実は封印されていたのではないかと思わせる小さなエピソードを問わず語りに話し始めた。

「私がここの近くの小学校の用務員をしていたときでした。たしか昭和五五（一九八〇）年ごろだったと思います。新しく来た校長先生からあんたどこから来てるんかと訊かれたので、阪松原ですってゆうたんやわ。そうしたら校長先生が、大逆事件で捕まった峯尾節堂が居た寺のあるとこやなと言うんです。私、他所から嫁に来たもんですから全然知らなんだんです。ちょっとびっくりしてね。家に帰って教員していたお父ちゃん（夫）にそんなことあったんかって訊いたら、そうやと一言ゆうたんですが、それっきりで後は何にもゆうてくれんのです。ああ、これは口にしたらあかん話なんやな、事件が大逆という不名誉なことやから口を噤《つぐ》まなあかんという空気がここらへんにずっとあったんやなあと思いました。タブーってゆうんですか。それがもう四〇年近い前のことでしたが、今ではそんな空気があったことも誰も知らんねえ。ただ私は何や気になってね。それからだいぶたってから、作家の中田（重顕《しげあき》）さんが節堂さんと奥さんのことを書いた小説の朗読会がこの寺であったんで聞きに行ったんですよ。私は節堂さんのことが何とのう気になってね。それにノブさんがこの寺で節堂さんと一緒に暮らしていたんやと知って、なんやドキドキしてね。えっ、お父ちゃんですか。もう亡くなってだいぶンになります」

敏子さんの話から、事件は全く語り伝えられていなかったのではなく、山間の寺の周囲に広がる阪松原の地中深くに埋め込まれてしまっていたことをうかがわせた。とはいえ封印されていたとしても時間とともに凍土が溶けていくように少しずつでも節堂の新婚生活の一端や妻のことなどがこぼれてくるのではないか。たとえ節堂の名が隠されたとしても、新妻の姿が影も見えないのが私には不思議だった。二人は本当にこの山寺に一緒に住んでいたのだろうか。

田中敏子さんが語りの中で触れた作家の中田さんは熊野市在住で、「大逆事件」に材を取った作品がいくつかある。その中に「坂の上の寺にて」という小品がある（『文宴』九〇号所収）。一九九九年の作品で、節堂が留守居僧をしていた泉昌寺が舞台で、彼が検挙されるシーンから二人の愛の心象風景を新婚の妻の「ノブ」の目から描いた佳作である。田中さんは、この小説の朗読を聴いて心を震わせ、その時の録音テープも持っている。

「大逆事件」には数えきれないほどの悲劇、とりわけ女たちの生には底がないような哀しみが詰まっていることを二〇年近い取材の中で知り、感じ、しばしば胸塞がれる思いをしてきた。熊本の松尾卯《う》一太《いった》の妻子、新美《にいみ》卯《う》一郎《いちろう》の母と恋人、森近運平《もりちかうんぺい》の妻子と妹、小松丑治《うしじ》の妻、熊野の大石誠之助の妻子、高木顕明《けんみょう》の妻子、成石《なるいし》平四郎の妻子ら——天皇に弓を引いた「許されざる」逆賊と石もて打たれ、故郷を追われ、愛を引きちぎられ、親子の絆を断ち切られた彼女らはいつまでも尽きることのないような涙の壺を抱えて何十年も生きなければならなかった。事件から一世紀以上も閲《けみ》した現在ではしかし、そうした悲劇を悲劇とのみ捉え、語り伝えるだけではもう済まなくなっている。

「大逆事件」問題の核心は、大陰謀を共謀したという話を作り上げて当時の革新的な思想と人びとを抹殺した国家が未だにその法的・政治的責任に背を向けているところにあるからだ。加えて、その国家に共犯のように加担した当時の宗教を含めた社会のありようが現在も未決のままあり続けているのだから。それでも再びこのようなことを国家に起こさせないためには、事件とその影響は、女たちの生と死もふくめてしずくではあっても語り続けねばならない。

「ノブ」を追って

節堂の妻の「ノブ」も「大逆事件」によって思わぬ人生のクレバスに遭遇した、まぎれもなく被害者の一人である。「ノブ」はどこの出身で、いくつで、どんないきさつで節堂と結婚したのだろう、事件の影響はどうだったのか、事件後どんな人生を送ったのだろう、いくつまで存命していたのだろう。私は「ノブ」に会わねばならないと思った。彼女を、現在に続く未曽有の事件の文脈の中で探さねばならない。

京都・花園の臨済宗妙心寺派人権擁護推進委員会が節堂の行実や足跡などをまとめた『大逆事件に連座した峰尾節堂の復権にむけて』(一九九九年)というブックレットがある。そこには、節堂が結婚した時期が一九〇九(明治四二)年二月で、相手の女性については「のぶ子」と記されている。結婚年や女性の名「のぶ子」は、仏教史研究者で「大逆事件」と仏教者の関わりを先駆的に研究した吉田久一《きゅういち》の『日本近代仏教史研究』によっている。吉田は「四十二年にのぶ子と結婚した」と記しているが「二月」とは書いていない。続けて吉田は「検挙後に離婚」「のぶ子は後京都で再婚」と箇条書きのように記述しているだけである。同派は彼女についてはこれ以上のことは調べていない。節堂の結婚がブックレットにあるように一九〇九年二月であれば、泉昌寺の留守居僧になったのと同じころである。節堂は結婚して留守居僧になったか、その逆だったかもしれないが、泉昌寺に新妻と一緒に暮らしていたことは十分にあり得る。

節堂の閃光のような人生にとって「ノブ／のぶ子」は、とても大切な伴侶だったはずだが、妙心寺への取材では結婚のいきさつや彼女がどこのどんな女性だったのかについてはまったく分からなかった。昭和期になっても結婚するまで相手の顔を知らなかったという話は珍しくないから、仮に二人が互いに未知であっても当時にすれば驚くことではないのだが。

「大逆事件」の渦中にありながら紙一重の差で連座を免れた新宮教会牧師の沖野岩三郎《いわさぶろう》は後年小説家になり、〈現場〉にいたことから事件に関して事実に即した多くの作品を残している。石川啄木とは異なる視線と意識で、作品を通じて事件を記録するのが責務のように、そしておそらくは鎮魂ミサ曲を奏する思いで書き、語り続けた。彼は熊野で被害者になった大石や髙木らと交流があり、それぞれの性格や人柄などさまざまなエピソードを交えながら表現している。節堂についても『生を賭して』の「M、Sと私との関係」の中で外見だけでなく思想や生き方などにも触れているが、その一節にこんなところがある。

「立派な洋服を着て、川奥のお寺の美しい娘を奥様に貰って、S町で閑静な住居を持つ〔後略〕」

社会主義に魅かれるいっぽう遊蕩三昧の荒《すさ》んだ生活をしていた節堂が生きかたを変え、社会主義から遠ざかったのが一九〇九（明治四二）年の夏ごろと彼は後に検事らに語っている。沖野は節堂の変化のきっかけを結婚という人生の節目に見たようだ。結婚の年月は書かれていないが、前後の文脈からすると節堂の思想的な変わり目と同じ一九〇九年ごろだろうか。

私は、沖野が「川奥のお寺の美しい娘」と具体的に書いているところにリアリティを感じた。川奥の寺であれば、それは熊野川の上流の寺だろう。ならば寺を探すこともできるかもしれない。「美しい娘」という書き方は、沖野が節堂の紹介などで彼女に会っていたのかもしれない。

和歌山県や三重県の寺を転々としていた節堂がやや落ち着いて山寺の泉昌寺の留守居僧になったのは、前に触れたとおり一九〇九年二月ごろのようだが、わりあい豊かな檀家が少なくなかったとはいえ、檀家の少ない貧しい寺では収入は安定しない。それでも「川奥のお寺の美しい娘」と一緒になった。沖野の小説を読んで、「ノブ／のぶ子」への想像と謎がいっそう膨らんだ。節堂が国家にさらわれた事件の後、「ノブ／のぶ子」は吉田が記すように京都で再婚したのだろうか。いや先を急ぐまい。

山の臭い

「もうだいぶ前に市立病院の職員だった人から、ノブさんは私の叔母さんだったのよ、法事のたびに見ていたけど、綺麗な人やった、京都の東福寺に居て、子どものころ姉たちとよう遊び行った、そんな話を聞いたことがあります。あんまり確かではありませんが、京都で再婚して三人ほど子どもがいたと聞いたような……何年生まれなのかは分かりません。名前は、片仮名のノブと聞いてます」

取材の中でそんな話をもたらしてくれた人がいた。「綺麗な人」は、沖野の小説の「美しい娘」と重なっている。京都での再婚は吉田の記述を裏付けているようにも思える。でも「ノブ」がなぜ臨済宗東福寺派本山の東福寺に住んでいたのか。私は「ノブ」の姪に当たる新宮市立病院の元職員の話を聞きたいと、興味深い話を教えてくれた女性に紹介の仲立ちを頼んだ。

「それが、残念なんですが、無理なんです。施設に入ってはって、認知症で……私がその職員から話を聞いたのは、もう二〇年近く前なんです。でも、ノブさんには北畠さんというお兄さんがいたという話も聞きました。それからはっきりしませんが、ノブさんにはなんでも孫が和歌山にいるというような話も聞いています。もっと詳しく聞いておけばよかったのですが……」

姪の話が聞けないのは何とも残念だったが、孫が和歌山にいるらしいというのは、彼女の長生きを思わせる。いずれも点のような話ばかりだが、それらがつながって線から面になっていけば、「ノブ」を見つけられるかもしれない。

日ならずして節堂の妻の「ノブ」についての断片を教えてくれた女性からさらに具体的な話が届いた。

「ノブさんの姪から聞いたときの話のメモが出てきました。それには、ノブさんの一番上のお兄さんは北畠宗謙《そうけん》さんという臨済宗の僧侶で清蔵寺の住職をしていたとありました」

そうすると、「ノブ」の本名は「北畠ノブ」なのだろうか。清蔵寺という具体的な名前も出てきた。「ノブ」は清蔵寺の娘だったのだろうか。

八月初め、私は新宮の「大逆事件」研究者の辻本雄一・佐藤春夫記念館館長に同行してもらい、熊野川を遡上して、旧地名では小口《こぐち》という新宮市熊野川町西の清蔵寺を訪ねた。新宮の中心部から約二〇キロほどの山の寺である。沖野の「川奥のお寺の娘」が現実性を帯び、「ノブ」に一歩近づいたような気がした。節堂が最後の留守居僧をしていた泉昌寺よりはるかに山深い寺で、三〇段以上の石段を登ったところにあった。森閑とした佇まいの平たい寺である。樹木の間から渡る風がひんやりとしている。新宮より五度ぐらいは低いという。

一九七一年生まれの現住職の白井清牧《せいぼく》和尚は「ノブ」の兄に当たる北畠宗謙について、聞き伝えをまじえて話しはじめた。

――私は新宮市内の清閑院で小僧をしていたのですが、修行を経てこの寺の住職になったのは一〇年前の平成一九(二〇〇七)年一二月です。ここは、私が来る前の三年間ほどは無住でした。北畠宗謙さんは大正の初めに清蔵寺の住職になり、亡くなるまでおられました。檀家さんは一二〇軒ほどですが、今でも評判が非常に良くて、優しい和尚だったと聞いています。写真もこの寺に残っています。妹のノブさんですか？　私も名前は聞いてはいますが、お寺の関係者で彼女が節堂さんと結婚したことを知っている人はほとんどいないようですね。宗謙さんが小僧をしていたのが私と同じ清閑院で、前住職の後藤牧宗《ぼくじゅう》和尚も知らなんだと言ってましたから。えっ、ノブさんが本当に宗謙さんの妹かどうかですか？　私はそうだと思っていますが、今度、調べてみます。ノブさんの齢ですか？　分かりませんね。

新宮町には事件当時、一三の寺があった。仏教界は狭い。好奇心の強かった若い節堂は流浪の僧のようで、定住の住持住職ではなかったから、生活も不安定だった。清閑院で弟子をしていた宗謙が妹と結婚させれば落ち着くと思ったのではないか、そしてゆくゆくは清蔵寺の住職を節堂にと思い描いていたかもしれない――白井和尚は節堂と「ノブ」の結婚のいきさつをやや物語ふうに語るのだが、「ノブ」の正式な名前も生年もはっきりしない。節堂との結婚は一九〇九年としていいのか、結婚後に貧しい寺で一緒に暮らしたのかなど分からないことが多い。白井和尚はしかし、「ノブ」が宗謙の妹だという前提で、事件によって節堂と引き離された後のことも推測する。若い女が東福寺に居たという伝え話も混ぜながら。

――事件が事件ですから兄としては妹を世間の針のような目から守ってやらなくてはと思ったでしょう。優しい兄でしたから。私は事件当時に宗謙和尚が清蔵寺にいたら、ここで預かっていたのではないかと思いますね。ここは匿《かくま》うにはとてもいい寺なんです。というのはここは林業が中心のところで、木を伐《き》り出す人、運ぶ人というチームワークが必要で、口が堅い。でないと仕事が回らないからです。まして信用ある宗謙さんの妹ですからね。この寺では過去にも問題を起こした和尚を預かったことがあるそうですから。宗謙和尚が東福寺で修行していれば、ほとぼりが冷めたころにいわば同期の僧侶の縁などで東福寺の塔頭《たっちゅう》のどこかに妹を密かに預かってもらうことも出来たのではないでしょうか。風呂焚《た》きや清掃などの下働きとしても。

うーむ。何となくスリリングだが、とてもシリアスな内容も含んでである。国家に加担した社会が被害者の妻に「逆徒」と向ける刃、投げつける石から守らねばならない。新宮町内では難しい。大石の妻子も、髙木の妻子も居たたまれず、新宮を去らねばならなかった。新宮の隣りの本宮《ほんぐう》町の成石平四郎の妻と一子も故郷を追われるように出なければならなかったのだから。白井和尚の推測は少し先を急ぎすぎるような気はしたが、「ノブさんにはどこか山の寺の臭いがします」ということばには、山寺の和尚らしい説得力と想像力があった。

それでも「ノブ」の存在がなかなかつかめずにいる私の思いを察した白井和尚は、そうだと呟《つぶや》いて、「ノブ」のことは、宗謙の妻だったたけ乃の甥で浄土真宗本願寺派の専光寺（新宮市内）の佐々木智亮《ちりょう》住職に聞けば分かるかもしれない、とその場で電話をかけてくれた。宗謙和尚の妻は専光寺の前住職の姉だった。宗謙とたけ乃の四女が「ノブさんは私の叔母」と言った、かつて市民病院に勤めていた女性で、北畠典子《つねこ》さんといった。

紹介された専光寺へ出向く前に私は妙心寺本山へ行き、北畠宗謙の修行場所や時期を訊ねた。すると、彼が清閑院から修行へ行ったのは東福寺ではなく妙心寺だったと判り、「ノブ」が兄の線で東福寺へということはなさそうだ。修行の時期は、死刑判決を受けた節堂が特赦によって無期になり千葉監獄へ送られた翌年の一九一二（明治四五）年四月から一四（大正三）年七月までである。宗謙が修行の後に清蔵寺の住職になったのは一九一六（大正五）年で、「大逆事件」当時はまだ清閑院の弟子のころだ。そうすると、宗謙が「ノブ」の兄だとしても住職になっていない兄が妹「ノブ」を清蔵寺で匿うことが出来ただろうか。

ところがそれもあり得た。というのはその後の白井和尚の調べでは、宗謙は一八九〇（明治二三）年の生まれで本名は坂（阪）本高法《たかのり》と言い、一九〇三（明治三六）年一三歳で清蔵寺住職の北畠宗玉《そうぎょく》と養子縁組し、北畠姓になっていた。僧侶への道を清蔵寺で歩み始めた高法が宗謙と改名したのは一七歳のときである。事件当時の清蔵寺の住職は養父の北畠宗玉だったのである。兄が養父に頼んで妹を清蔵寺に匿ってもらうことはあり得たわけである。いっぽうでまた新たな疑問が出てきた。宗謙が北畠宗玉の養子で、「ノブ」が宗謙の妹であれば本名は「坂本ノブ」なのだろうか。

今はもうないが、坂本家はかつては熊野川町赤木に家があった。清蔵寺のある小口とはそれほど離れてはいないが、やはり山の中である。事実と推測が交錯し、私はこんがらがった糸をほぐせないまま白井和尚に教えられた新宮市内の浮島の森に近い専光寺を訪ねた。宗謙の妻・たけ乃の甥に当たる佐々木住職は、白井和尚が推測するように叔母から「ノブ」のこと、節堂との結婚について聞き及んでいるかもしれないと期待した。

人気のないがらんとした本堂で応接してくれた佐々木住職は一九三〇年生まれで八七歳だったが、話し出すと声は大きく記憶もかなり明晰だった。しかし「ノブ」の名は聞いたことがないと首を傾《かし》げた。目を瞑《つぶ》り、うーんと小さく唸《うな》って懸命に何かを思い出そうとしているようでもあった。後から思えば言いよどんでいたのかもしれない。佐々木住職はややあって意想外のことを口にした。

「実は宗謙は、本当はどこから来たか分からんのです。昔の口減らしのようなあれで、本宮(町)へ貰われてきたと聞いたね。山口県からだったかなあ。それはね、宗謙に福田福重という弟が居て、彼の息子がいつだったか父親に出自を訊いたところ、一言だけ山口からと言われたそうだ。兄の宗謙は北畠宗玉の養子になり、弟の福重が福田家に貰われてそれぞれ寺を継いだんや。宗謙和尚は、死ぬまでそのことを誰にも言わなんだ。妻のたけ乃も知らん。宗謙の下に妹が一人いたと聞いている。たしか龍神という家に貰われていった。それは間違いない。いくつで貰われていったか分からんが、かなり小さいころでしょうね。それがノブさんかどうか知らん。ノブさんという名前は聞いたことがないから」

昭和前期まではしばしばあった入り組んだ話を佐々木住職から教えられて、節堂の妻「ノブ」を探す糸がさらによじれてしまった。和歌山県の禅宗寺院は愛知・岐阜・静岡の三県から養子縁組などで弟子になる例が当時は多かったというが、にしても山口から熊野川上流の本宮はあまりに遠いではないか。よほどの縁があったのか。「ノブ」は、兄が北畠の養子になったのと同じように坂本から「龍神」家の養女になったのだろうか。それに宗謙には福田福重という弟がいたということも佐々木住職から初めて聞いた。すると宗謙、福重、「ノブ」は三兄妹なのか。

節堂にもどって、彼は「龍神ノブ」という女性と結婚したのだろうか。その辺りの事情は市内の特別養護老人ホームにいる宗謙の次女が知っているだろうという佐々木住職の勧めで、私は同市の西のはずれの三輪崎《みわさき》に近い小高い山上に建つ「黒潮園」までタクシーを飛ばした。九〇歳を超える次女はしかし、家系など複雑な話を理解できる状態ではなかった。節堂の妻になったはずの「美しい娘」「ノブ」は、まるで逃げ水のようだった。

「覚書」

節堂が書き遺したものは、大石などに比べるとはるかに少ない。指折れるほどだ。まとまった論稿もほとんどない。千葉監獄での獄中手記「我懺悔《ざんげ》の一節」の他には、フレームアップに合致させるような検事聴取書や予審調書を別にすれば、弁護士宛の書簡など限られている。

「大逆事件」の大審院特別法廷が開廷したのは一九一〇(明治四三)年一二月一〇日である。その八日後の一八日に事件の「首魁《しゅかい》」にでっち上げられた幸徳秋水が今村力三郎、花井卓蔵、磯部四郎の三弁護人に宛てて無政府主義や天皇観、それに取調べのデタラメさを詳細に書いた「陳弁書」を送った。同じころと思われるが、節堂も今村ら三弁護人宛に一通の「覚書」を送っていた。弁護士宛の書簡なので、誇張や言い訳があっても検事聴取書などに比べればはるかに信用できる。私はその節堂の「覚書」を何度も読んでいたが、終わりのほうにあった数行を読み飛ばしていたようで気づかなかった。いや読んでいても気に留めなかった。迂闊《うかつ》だった。

節堂は「覚書」の中でフルネームで結婚相手の女性の名を明かしていたのだから。原文のママ記せば、彼はこう書いていた。

「本年四月頃私ハ龍神ノブヱ、ナル者ト結婚シマシタ是レモ主義者ノ云フヤウナ自由恋愛デハ有リマセン、媒酌人モ有リ相等〔当〕ノ式ヲ挙ゲテ娶《めと》ツタノデス」

節堂の結婚した相手は「龍神ノブヱ」だった——ここでの彼の文意は、結婚した女性の名前やその事実を伝えようとしたのではなく、当時の社会主義者の間で主義者の証のようにさえ受け止められていた自由恋愛主義を否定していたことを弁護士に訴えるためだった。それは、自身が社会主義者でないことを弁護士に分かってもらおうとして結婚も自由恋愛ではなかったと伝え、その中で女性の名を記していたのである。

節堂は「覚書」の中で結婚した時期を「本年四月」と書いており、二人の結婚は吉田の研究やそれを基にしてこれまで伝えられてきた一九〇九年二月ではなく、一九一〇年四月であった。後の取材で分かったのだが、二人の結婚は入籍手続きはなされていない。これは節堂が大杉栄や伊藤野枝のように戸籍制度を否定する思想を持っていたからではなく、入籍の手続きをする間もなく事件に襲われてしまったからだろう。法的手続きがなされなかった事実は、結婚の時期が〇九年ではなく、節堂が書いているように事件直前の一九一〇年四月だった傍証にもなる。いや傍証どころではなかった。節堂は千葉監獄で書いた獄中記の中で拘引されたとき（一九一〇年七月）、「新婚たった二カ月目」とはっきり書いていたのだから。

結婚の時期も、妻の名も龍神ノブヱと判ったが、沖野が書いているように「川奥のお寺の娘」だったかどうかはまだ分からなかった。齢はいくつだったのか。宗謙の妹なら一八か一九歳だろうか。せめて生年がわかればいいのだが。それに結婚の経緯も不明だった。

節堂は「覚書」の中で「相当の式」を挙げたと書いているが、どこで挙式し、結婚後はどこで暮らしていたのだろう。沖野の小説には「S町で閑静な住宅」（S町とは新宮町である）を持って住んだとあるが、泉昌寺では一緒に暮らしていなかったのか。事件によって甘美な新婚生活は三カ月にもならないうちに壊されてしまったが、事件後「ノブヱ」は、白井住職が想像するように小口の山寺の清蔵寺で匿われたのだろうか――。

美しい人だったと語られてきた「ノブヱ」の姿はようやく固有名詞をつけて視界に入ったが、近づいていくとふっと消えてしまう。写真でも残っていればいいのだが、それも見つからない。明治の末年といっても、今のように誰もがスマホやデジタルカメラでスナップ写真を撮る社会ではないのだから、彼女の写真がなくてもがっかりすることもないのだが。節堂の写真も集合写真が一枚あるだけだ(本章扉写真、八二ページ写真参照)。文字としても中田さんの小説以外、彼女は描かれていない。節堂と一緒にいた時間があまりにも短かったからだろうか。「ノブヱ」もしかし紛れもなく「大逆事件」の被害者のひとりだったのだが。

臨済宗妙心寺派の清閑院は、新宮市市街地の西にある千穂が峯にへばりつくようにしてある。現在檀家は三八〇ほどで市内では有数の寺院である。節堂はこの寺で結婚式を挙げたようである。それは、節堂の四歳下の弟の三好慶吉(五老)が地域誌『熊野誌』第六号(一九六一年)に掲載されていたインタビューで語っていたからである。

「節堂は清閑院で結婚式を上(挙)げたのです。お客さんも大勢見えとるし盛大だったが、母の炊いた小豆ごはんがカンチだった」(カンチとは固い、芯があるという新宮地方の方言)

慶吉はしかし、一九一〇年春には出来たばかりの和歌山の六一連隊に入隊していて、式には出席していない。母のうたか節堂からの便りで教えられたと語っている。

私は清閑院を訪ね、白浜の観福寺の足助重賢《あすけじゅうけん》和尚と共に節堂の行実などを調べた後藤牧宗《ぼくじゅう》和尚に節堂の挙式について訊いてみた。

「ここで節堂師が結婚式を挙げた? 私は聞いていません。盛大? 何をもって盛大というのか分かりませんからね」

素っ気なかった。記録も何もないという。ただ後藤和尚は節堂とノブヱが清閑院で式を挙げたこと自体は否定はしなかった。私は、三〇畳いやそれ以上はたっぷりありそうな大きな庫裏《くり》の部屋を見回し、一九一〇年四月に行なわれた節堂・ノブヱの結婚式の情景を一瞬思い浮かべたが、同院は火事や水害に見舞われ、その当時とは違っている。

一九一〇年ごろの清閑院の住職は西部豁堂《かつどう》という人だったが、その前は一時期、北畠宗謙の養父の北畠宗玉が住職をしていたことが分かった。その後何らかの事情で宗玉は再び清蔵寺の住職にもどっているが、養子であり弟子の宗謙はずっと宗玉と共に移動し、働いていた。目まぐるしいそんな関係を追っていくと、節堂とノブヱの結婚――二人の新しい人生のスタートとなる結婚式の舞台が清閑院だったことは間違いないだろう。

「節堂さんが結婚した女性は、龍神ノブヱさんという方ですがご存知ですか」

こう訊ねると後藤和尚は、私の頭をまぜっかえすような怪訝《けげん》な表情をした。

「龍神ノブヱ？　名前は知りませんが、節堂師が結婚した女性は、真如寺の檀家さんの娘と聞いています」

えっ、真如寺の檀家の娘さん？　初耳だった。

真如寺は節堂が僧籍を取って初めて住職になった寺だが、檀家はきわめて少なかった。その真如寺の周囲に龍神という珍しい姓はあるのだろうか。五月に一度行ったときには聞いた覚えはない。確認のためにもう一度行ったほうがいいのかという思いが頭を過る。それに宗謙は養家の坂本家のあった熊野川町赤木で育ったという。ノブヱが妹ならその周辺で見知った人もいるのではないか。真如寺のある相須《あいす》も赤木も熊野川を遡上すればいい。小口も近い。私は「大逆事件の犠牲者を顕彰する会」のメンバーで、地元の人間関係にも詳しい上田勝之市議に頼んで新宮の市街地から北西二三キロほどの真如寺まで走ってもらった。

真如寺の檀家に龍神という姓はなかった。上田市議のネットワークによって、赤木ではないが清蔵寺のある小口に近いところに宗謙和尚の兄妹を知っているかもしれない人がいるとのことで、そちらへ向かった。真如寺から南へ下ること約一四キロ、二五分のところだ。清蔵寺の宗謙和尚について地元で詳しいと思われる人を訪ねた。八〇歳だったが、宗謙和尚や娘についてはよく知っていた。「大逆事件」についても詳しくはなくても聞き及んでいた。が、宗謙和尚に妹がいたことやその名のノブヱについては「おったかも知れんが、聞いたことないなあ」。龍神姓についても首を傾げるばかりだった。清蔵寺に近い小口にノブヱがいた形跡はなさそうだ。近づいた龍神ノブヱがまた遠くに行ってしまったように思えた。

「そうや、小口の郵便局に四〇年ばっかり勤めてはった和田さん、和田茂男さんなら知ってるかもなあ。九〇歳を超えてるけど、しっかりしてるさかい。記憶もええし。今、那智勝浦の温泉病院にリハビリ入院していて三週間ほど帰って来ないと思う」。郵便局員だった人なら地域の人間関係などは良く知っているにちがいない。高齢なのが気になるが、少し期待がもどってくる。どれぐらいの距離があるか土地勘はなかったが、上田さんにまかせて走ってもらう。

那智勝浦の町立温泉病院まで小口から約三九キロ、五〇分ほどかかった。潮の香りが微かに漂う海辺に近い病院だった。和田さんの病室の二階二六一号室に入ると、ベッドの上で半身を起こして吉屋信子の文庫本を読んでいた。上田さんは以前からの顔見知りだったようだが、耳が遠く叫ぶように来意を告げた。私が生年を訊くとすぱっと「一九二二年生まれ」と西暦で答えた。取材で生年を訊ねることは多いが、西暦で応答する人は稀《まれ》で、まして高齢者にはいないので一驚した。

――清蔵寺の住職だった北畠宗謙和尚のことは知ってますか？

「よう知ったァる。弟の福田福重さんは赤木の宝泉寺の住職やった」

ここでも福田福重の名が宗謙の弟として出てきた。

――宗謙さんか、弟の福重さんに妹がいたことは知ってますか？

「知らん。奥さんやったらよう知ったァるけど。子どもも知ったァる。三人ぐらいおったな。一番上の子が、赤木の寺（宝泉寺）の和尚の母親や」

記憶は驚くほど鮮明で固有名詞も確かで、受け応えの反応も速く明晰だ。隣りのベッドの人を気にしながら、怒鳴るように訊いた。期待を込めて。

――ノブヱさんという名前聞いたことがありますか？

「ない」

ダメを押すように私は訊く。

――龍神ノブヱは？

「知らない」

あまりにはっきり断定するのでため息が出た。思い直して訊く。

――「大逆事件」で捕まった峯尾節堂を知ってますか？

「知らない」

地元で宗謙兄弟を最もよく知っていたという九五歳の和田さんがきっぱり知らないと言うのだから、龍神ノブヱは消えていくようであった。もしかしたら幻ではないか、いやいや節堂が名前を挙げているではないか。私と上田さんは、がっかりして新宮にもどった。この日の走行距離は半日で約九〇キロに達したが、上田さんは龍神ノブヱのとっかかりが摑めない私のことを心配して、さまざまなネットワークを広げて当たってくれたがうまくいかず残念そうで、かえって申し訳なかった。龍神ノブヱの実像を求めてずいぶん走ってきたが、どうしても節堂が「覚書」で認《したた》めた以上のことが分からない。

もしかしたら知っているかもしれない人が、一人だけいた。ノブヱを探し始めた最初からずっと気になっていた人なのだが、彼は「大逆事件」関係については事情があって拒否反応が強くとても取材に応じないだろうと周囲から聞かされ、それで私も回避していたのだが、もう当たってみるしかない。赤木の宝泉寺住職・仲原夏生《なつお》さんである。出直し取材のための日程をやりくりしていたときだった。新宮での「大逆事件」取材ではいつも世話になり、事件関係だけでなく熊野のさまざまな情報の交差点になっている「くまの茶房」(二〇一一年までは書店)の大江眞理さんから思わぬ報せが届けられた。

新宮市の観光協会ガイドの栗林確《つよし》(一九四七年生まれ)さんが「仲原やったら、中学高校の同級生やからわしが聞いてみたる」というのだった。栗林さんは観光ガイドで活動している約一六人の中で熊野の「大逆事件」について最も詳細に語れる案内人として知られている。「大逆事件の犠牲者を顕彰する会」のメンバーでもあった。

一四歳の少女だった

熊野川沿いに本宮方面へ遡り、日足《ひたり》で同川に流れ込む支流の赤木川に沿って南西方向へ走ると寂しい山間の地、新宮市熊野川町赤木である。標高一〇〇メートルほどの高さに位置する曹洞宗宝泉寺は、檀家の人たちから「ネコ寺」と呼ばれていた。山際にある寺への三〇段ばかりの石段の手前にある駐車場周辺には、ざっと見ただけで子猫も含めて数十匹が視界に入った。うじゃうじゃという感じだ。聞けば七、八十匹はいるそうだ。豊かな樹木の間から時期外れのミンミンゼミと晩夏の候に合ったツクツクボウシの鳴き声が掛け合うように天空に響いていた。閑寂の寺だった。

一九四七年生まれの仲原夏生さんが大阪や東京での会社勤めやタクシー運転手を経て宝泉寺の住職になったのは「父の清が亡くなった昭和五五（一九八〇）年で、三三歳のときでした」。

東京出身の仲原清（ヒノキとも）は三笠書房という出版社の編集者で、敗戦後に妻の喜子の郷里・新宮へ移住し、「大逆事件」の研究に尽した。それがどれほどの広がりと深さを持っていたかは、新宮だけでなく全国の「大逆事件」研究者の間では夙《つと》に知られてある。今でも完全に払拭できない事件のタブー度が強烈だったころから独りで歩き、こつこつ土を耕すように資料を掘り起し調査研究を積み重ねた。その成果の一つは全面的に協力した森長英三郎著の『禄亭《ろくてい》大石誠之助』として結実している（「禄亭」は大石の号）。また全二巻の『大石誠之助全集』は森長との共編者になっている。三笠書房時代の後輩だった故・水上勉《みずかみ》が郷里の若狭《わかさ》出身の事件被害者の古河力作の生涯を書いた際にも、大石関係の情報を提供している。古河が働いていた東京・滝野川の西洋草花店の経営をしていた印東熊児《いんとう》が新宮出身で、ドイツに留学していたことどもを水上に語っている（水上「新宮、それから仲原清さんのこと」『大石誠之助全集』２・付録）。

私も仲原の地道な調査研究の恩恵を受けている。後に詳しく触れるが、節堂の父の徳三郎の行実の一端を一枚の写真のメモから教えてくれたのが仲原清の丹念な足によっているからだ。

熊野での「大逆事件」への禁忌は根深く、それは調査研究にも及んだ。タブーの二次被害はそこに踏み込んだ仲原の家族にもついて回った。彼の社会的な功績とはすれ違った。水上は、仲原が貧乏に徹して欲がなかったと追想しているが、たしかに困窮しても仲原は調査研究から足を抜くことはなかった。その分、妻の喜子が料理屋などで働き、長男の夏生が仕送りで支えねばならなかったが、社会的な評価がプライベートな領域では等価として表れるわけではないという現実に、私は改めて粛然とする。

仲原和尚(僧名・瀧峰)の母、つまり清の妻の喜子は北畠宗謙とたけ乃(専光寺の先代住職の姉)との間の長女である。宗謙はしたがって、仲原和尚の母方の祖父になる。私は仲原和尚が宗謙の妹のノブヱを知らなければ、諦めるほかないと思っていた。知り得る限り最も近い人だったから。期待に違わず和尚はかなり知っているような口吻《こうふん》で話し始めた。

「宝泉寺は四〇〇年ほどの歴史がありますが、私の三代前の住職は愛知県から来た福田さんという方で、それからはずっと福田さんでした。二四代の住職の福田福重のお兄さんが長男の宗謙さんで、その下に妹が一人いてみんなここで生まれたと聞いています。ただ当時の寺は、実態として妻帯が認められていなかったので、寺で生まれた子どもはみんな他所へ養子に出されたんです。宝泉寺では、なぜか二男が寺を継ぎ、長男が出されることになっていたらしく、長男の宗謙さんが他家へ養子に出されたんだと思います」

やはり三人は、兄妹で元々福田姓だった。宗謙は福田から坂本、そして北畠へ、ノブヱは福田から坂本へ、そして龍神へというわけだった。胸のつかえが一気に下りて行くようであった。三人はここ赤木の宝泉寺で生まれているのなら、山口県からという専光寺住職の伝聞はどこかで違っていたのだろう。私は、節堂が結婚した女性が「龍神ノブヱ」という人で、彼女は宗謙の妹だと聞いているが、と仲原和尚に確かめるように訊いた。

「ノブヱさんは、京都で高校の美術の先生をしていた人のお母さんです」。つい最近のことのような仲原和尚の話しぶりで、ノブヱが一気に姿を現して近づいてきた。和尚はすぐに「ノブヱさんはたぶん宗謙の妹になるんですね」と言葉を重ねた。

仲原和尚は「ノブヱ」をよく知っていた。「ノブヱさんには、何度も会っています」。本堂で淡々と、しかし歯切れの良い口調で語る和尚の声に、私の胸は高鳴るほどときめいた。〈そうかノブヱさんは、敗戦後も生きるほど長生きしていたんだ〉。鳥肌が立った。だが待てよ。その「ノブヱさん」は、節堂が結婚した「龍神ノブヱ」と同じ女性と決めていいのだろうか。何か確証のようなものがないだろうか。

「節堂さんと龍神ノブヱさんが結婚していたという話ですか？　聞いたことがあるなあ」。やや曖昧だったが、和尚は私の不安にはかまわず、

「うちの母やその妹たちは、ノブヱさん、ノブヱさんとゆうて、親子や兄弟以上にものすごう親しくしていてね、不思議なくらい親しかったですね。そういうたら、だいぶ前に何かのついでに調べたものがあったなあ」

とつぶやいて、ついと立って庫裏の奥へ引っ込んだ。暫《しばら》くして持ってきた一枚の紙は、二〇年ほど前に龍神家を中心にして作成された手書きの関係一覧表だった。非常に入り組んでいて、読み解けない。「私もよく分かりませんが」と言って、仲原和尚はとりあえず説明してくれた。

龍神ノブヱは一八九五年七月一〇日の生まれだった。そうか、ノブヱは『青鞜《せいとう》』の晩年を引き継いだ伊藤野枝と同い年になるのだ。ノブヱが節堂と結婚したのは一四歳、当時は数えだから一六歳である。彼より一〇歳下の少女で、幼な妻という今の感覚が私をとらえる。当時は一三歳で結婚した人もいたから早すぎるとは言えないかもしれないのだが。ここでデータを持ち出すのは粋でないのは承知の上で言えば、節堂とノブヱが一緒になったころの男の結婚平均年齢は二七歳、女のそれは二三歳（いずれも届出時の年齢。「日本帝国人口動態統計」より）だった。

生まれたところが宝泉寺となっていないというが、それは妻帯を認めようとしない社会に対するベールだったのかもしれない。

「ちょっと待って下さい。ノブヱさんは明治三六（一九〇三）年二月に、七歳で赤木の坂本家から龍神たみさんの養女になっていますね。で、それより早くお兄さんの高法さんが一歳で坂本家から龍神家の養子になっています。そしてお兄さんは、一一歳で再び坂本家に復しています。ちょっと目まぐるしいですね。これまであんまりちゃんと読んでなかったのでよく分かりませんが」。仲原和尚は祖父や大叔母の幼少のころの動きに首をひねりながら説明を続けた。高法については、清蔵寺の白井和尚が教えてくれたこととほぼ重なっている。とにかく私が知りたかった、節堂と結婚したノブヱは赤木の坂本家の兄妹で、宝泉寺生まれではないのかもしれない。いや、宝泉寺で生まれていたとしても、そこから兄妹が同じ坂本家の養子になったのだろう。

一四歳の少女と節堂との結婚については龍神家の記録にも見当たらないという。前に触れたように節堂についても結婚した記録はないから当然だろう。

二人は恋愛とは思えないから誰かの紹介だったのだろうか。彼の獄中記「我懺悔の一節」の中には結婚直前までは放蕩《ほうとう》三昧していたが「或人の周旋にて其家の女子を妻取《めと》り」とある。ある人とは誰だろう。

「おそらく寺の関係だと思いますね。それしか考えられません」。仲原和尚は断定気味に言う。

「ただこの資料では、ノブヱさんは坂本さんの娘とありますが、僕らは福田やと思っていたんです。私の前の住職が福田純明さんで、その前が純明さんのお父さんの福田福重さんです。福重さんは明治二五（一八九二）年生まれで宗謙さんの弟さん、みんなこの寺で生まれているはずです。ですからノブヱさんもここで生まれて、坂本さんの養女になり、それから龍神さんの養女になったんではないでしょうか。龍神家はお寺ではありませんが、龍神たみさんの亡夫の名前は琮石《そうせき》と書いてありますから、何となく僧侶のような感じですね」

仲原さんは推測をまじえながら語り続けた。うーむ。そうかもしれない。そうなら、やはり清蔵寺の白井和尚が「ノブヱさんには、山の寺の臭いがする」と確言したとおりだ。白井和尚はそのわけをこんなふうに、自信を持って説明していた。「節堂さんのような山の寺の和尚には、やはり山寺で育った娘でないと務まりませんからね」。

ノブヱは山の中の赤木の寺、宝泉寺で生まれたとしよう。その後に坂本、龍神家の養女となって、寺の関係者の引き合わせで節堂と結婚した。そうだとして二人は「大逆事件」に襲われるまでのほんのわずかな間一緒だったが、さてどこに住んだのだろう。沖野の作品にあるように新しい家に住んだのか、それとも節堂が留守居僧をしていた三重県の泉昌寺に居たのだろうか。

明治政府は一八七二(明治五)年の太政官布告で僧侶の肉食、妻帯などを認めていた。そんなことにも国家が口出ししていたのだが、それでも僧侶は妻帯すべからずという社会的風潮は根強く、昭和の初めごろまでは実態としては寺院での夫婦同居は稀だったようだ。臨済宗妙心寺派は歴史的にも妻帯禁止令は一度も出したことはないというが、実態はそうではなかった。

「結婚しても寺には一緒に住むことはあり得ませんね。清閑院でも寺で妻が一緒に住むようになったのは私の先代からですから。節堂師の結婚のときも、そのときの西部和尚が因果を含めたと思いますね。寺では一緒に住めんから、覚悟せいとね」。清閑院の後藤牧宗和尚はこう言い切ったが、取材の中でも「寺では妻帯できませんでしたから」という話を何度も聞かされた。

節堂が泉昌寺で一回目の留守居僧をしていた一九〇四(明治三七)年当時、阪松原の周辺は、田畑は狭隘《きょうあい》だが、蜜柑《みかん》が豊富に穫れて裕福とは言えないまでも貧しくはなかったと思われる。ただノブヱが赤木の山寺育ちであったとしても、泉昌寺は新宮町の中心から一二キロ離れ、川舟を使ったとしても、徒歩も加えてたっぷり三時間はかかった。まして僧侶の妻帯には世間の厳しい目があった。自らも性格の気弱さを認めていた節堂が社会的な批判に抗して、新妻と一緒に暮らしただろうか。大正期に結婚したノブヱの兄の宗謙も結婚後には、清蔵寺では妻と同居しなかった。手仕事を持っていたというたけ乃は、実家の専光寺近くで別居していた。ノブヱは一人暮らしの身体が不自由な義母のうたと一緒に住み、節堂もそこから泉昌寺に年忌や節目の法事ごとに出向き、数日間滞在する生活スタイルだったのではないか。後に触れるが、節堂が泉昌寺という山寺を好んでいたフシがあるにしても。

「二〇三高地」へアスタイルの少女

ノブヱに何度も会っているという仲原和尚に彼女の印象を訊いた。

「私は、昭和三六（一九六一）年に新宮高校を卒業して大阪へ出たんですが、ノブヱさんの長男と親しかったので奈良に住んでいたノブヱさんの家によく遊びに行ってました。でもノブヱさんについては、ぜんぜん記憶がないんですよ。美しい人だったと言われても、そんなふうに見ていなかったし、もうかなり年配でしたから。僕は、節堂さんとのことも全く知らなかったんですからね。親父もおふくろも家の中では節堂とノブヱさんの結婚については一言も話しませんでした。あれだけ大逆事件のことを調べていたのに、ぜんぜん言いませんでした。考えて見ると不思議ですね」

仲原和尚は話しながら改めて気づいたように首を捻《ひね》る。和尚が大阪へ出たのは禅僧になる二〇年ほど前、「大逆事件」のただ一人の存命者だった坂本清馬《せいま》が森近運平（一八八一年生まれ、「大逆事件」で刑死）の妹・栄子と再審請求をした一九六一年だが、仲原清・喜子夫妻にはまだ「身内の大逆事件」の闇が晴れていなかったのかもしれない。「いつまでもノブヱさん、ノブヱさんとふつうの兄弟以上に特別に親しみこめて接していましたね」という話を和尚から聞くと、事件に巻き込まれて「大逆犯」の妻にされてしまったノブヱが不憫《ふびん》でならず、包んであげなければという思いが仲原夫妻にはずっとあったのかもしれない。仲原和尚の話す時代が戦後のことであったから、事件から後のノブヱの生を、線を先に伸ばすように想った。

「ノブヱさんは幸せやったんかなあ。ワシはそれが気になるなあ」。栗林さんが不意にはさんだ問いを含んだようなつぶやきが肺腑に沁《し》み入ってきた。

仲原和尚はノブヱに何度も会っているのに、その印象が希薄だと首を傾げる。十数年、客商売のタクシー運転手をしていたのだからと、私はしつこくノブヱの背丈、体型、声の質、喋り方、挙措などを訊く。仲原和尚は考え込んで呟いた。「大きな人ではなかったですねぇ。うーん」。

節堂と結婚したころのノブヱをイメージするにはやはり写真だった。性格や声質などが分からないにしても。仲原和尚に会う前にも私はノブヱの写真を探していた。新宮で発行されていた古い新聞『紀南新聞』を繰っていたら、節堂の弟の三好慶吉が「なつかし記」と題するエッセイを連載していた。その七回目(一九五八年三月二二日付)で慶吉は、和歌山の連隊にいた一九一〇年夏か秋に兄からもらった便りを追憶しながら紹介し、ノブヱの写真が送られてきたと書いているではないか。

「ツイ三ケ月程前、節堂が結婚したとて母と花嫁さんとが撮影した記念写真を送ってくれた」と。慶吉はノブヱの固有名詞は記さず、「花嫁さん」とのみ書いているが、もちろんノブヱである。節堂が結婚直後に、母のうたとノブヱが一緒に写った「記念写真」を送っていたのだ。写真は、当時町内にあった池田写真館、岩村天真堂、久保写真館の三店のいずれかのスタジオで撮ったのだろう。ノブヱの写真については、同じころに見ていた人がもう一人いた。

一九五七(昭和三二)年春に、田辺の『牟婁《むろ》新報』の研究に尽した和歌山大学経済学部教授の関山直太郎(故人)が佐野稔助教授と一緒に三好慶吉宅を訪ね、その訪問記を『和歌山大学新聞』(同年五月一一日付)に寄せている。「幸徳事件の人びと」と題する三〇〇〇字ほどで新聞寄稿としては長い稿である。その中で慶吉の話を引用しつつ、ノブヱの写真について触れていた。

「事件が起ったのは節堂が結婚して半年位の時だった。妻に迷惑のかかるのを恐れ、一切の親戚関係を絶った。名は「のぶ」という人で、他に再婚して今は亡い。三好さんのアルバム(に)は結婚当時の写真があるが、その頃流行の二〇三高地の髪型をゆった丸顔の美人である」

当時は何枚も写真を撮らない。慶吉のエッセイと関山教授の訪問は一年の違いでしかないから、教授がアルバムで目にした写真は節堂が弟に宛てて送った母とノブヱの記念写真に違いない。慶吉の持っていたこの写真、アルバムはどうしただろう。少女時代に慶吉の世話になった、縁者の正木義子、莵原《うはら》久視子《くみこ》姉妹は、写真などはもうないと言う。「大逆事件」の荒波は四歳下の弟にも容赦なく襲い、彼は何度も引越しを重ねた、流転の生涯だったから、と。

関山教授の原稿は名前の表記違いはともかく、「今は亡い」は事実ではなかった。慶吉がノブヱの縁者と直接の交わりがなかったからか、知ってはいても伏せたのかは分からない。気になったのはノブヱのヘアスタイルである。日露戦争時から流行した、束髪でひさし髪スタイルの「二〇三高地」だったと関山教授は書いている。このヘアスタイルで私が思い出すのは、一九〇六(明治三九)年に田辺の『牟婁新報』記者として赴任した管野須賀子である。彼女が「二〇三高地」の髪型で取材、闊歩していたのは田辺町では知られたが、それから四年後もこのヘアスタイルは山の寺の少女の心をつかんでいたのかと思う。当時のノブヱの写真があったらなあと残念でならない。仲原和尚もノブヱの若いころの写真は持っていなかった。

九月半ば過ぎ、仲原和尚に頼んでいた手紙などの関係資料を見せてもらうために再び栗林さんに土砂降りの中を宝泉寺まで走ってもらった。仲原和尚は相当の資料、書簡、そして写真も用意していた。ノブヱの事件以降の軌跡については、これらの資料からかなり分かったが、仲原和尚が探し出してくれた、たった一枚のノブヱの写真は、現在から遡ったほうが早いころのそれだった。若いころを想像させはしたが、やはり結婚当時の写真を見たかった。落胆していた私に和尚は思わぬことを口にした。「実は大阪にノブヱの孫がいて、若い時の写真を持っているらしいので連絡しておきました」。市立病院の元職員の話のとおりノブヱには孫がいたのだ。それに若い時の写真があるというではないか。

私は、台風一八号が列島に傷を残して去った九月下旬、新宮から大阪へ回り、JR大阪駅でノブヱの孫の大谷《おおたに》令子さんに会った。細身で小柄な彼女はスカイブルーのショッピングカートを引いて現れた。私は、全面改装してすっかり変わってしまった駅近くの大きな書店内にあるとても閑静な――それは、誰もが書籍を読んでいるからだった――コーヒーサロンで、大谷さんがカートに詰めてきたノブヱに関係したアルバムや資料を見せてもらった。

「お祖母ちゃんは姫路に住んでいて、私は一緒に暮らしてはいませんでしたが、学校の夏休みや冬休みの長い休みのたんびに姫路へ行ってたんです。龍神家の戸籍や資料など、それに写真なんかは全部私が大事に保管してるんです」

大谷さんはアルバムやたくさんの資料をカートから取り出してテーブルの上に広げた。ノブヱがどんどん近づいてくる。私は急《せ》きこむように訊く。

「若いときのノブヱさんの写真が見たいんです」

「これが一番若いときの写真ですわ」

彼女は、アルバムから一枚の写真を取りだし私の眼の前に差し出した。

ノブヱは「二〇三高地」の特徴あるひさし髪のヘアスタイルだった。関山教授が描写していた丸顔というより、鼻筋がとおり、面長の中高顔《なかだかがお》だった。俯《うつむ》きかげんで視線はやや下方だが、意思の強そうな感じである。噂に違わぬ見めの良い顔立ちだった。少女とは思えない落ち着いた雰囲気だ。この女性が節堂と転瞬《てんしゅん》を共に過ごしたノブヱだったのか――。私は名状し難い感動に襲われた。

ノブヱは盛装の着物姿である。何かの記念撮影であることはすぐ分かったが、彼女の表情にはどこか寂しさが漂う。いくぶん伏し目がちであるのが、そう思わせるのかもしれない。

ここでは写真から外したが、彼女の左側には、左腕に喪章(?)を着けた若い男性がきりっと立っている。ノブヱの「再婚」相手だった。撮影年月日が写真の下に、右から左へと書かれている。「元・八・一七　於大島」。大正元年、つまり「大逆事件」判決の翌年の一九一二年である。場所は、串本の向かいの大島の写真館とアルバムに記されてある。山の赤木からは相当に離れた海の地である。なぜそんなところで、と思う。節堂と瞬きするような結婚・離別からわずか二年後、ノブヱはまだ一七歳だった。節堂はすでに千葉監獄にあった。

大谷さんはノブヱの写真を見せながら言った。「おばあちゃんは熊野小町って言われてたんですって」。声と顔が一瞬、弾けた。大谷さんはさらにことばを継いで「節堂さんとおばあちゃんは、

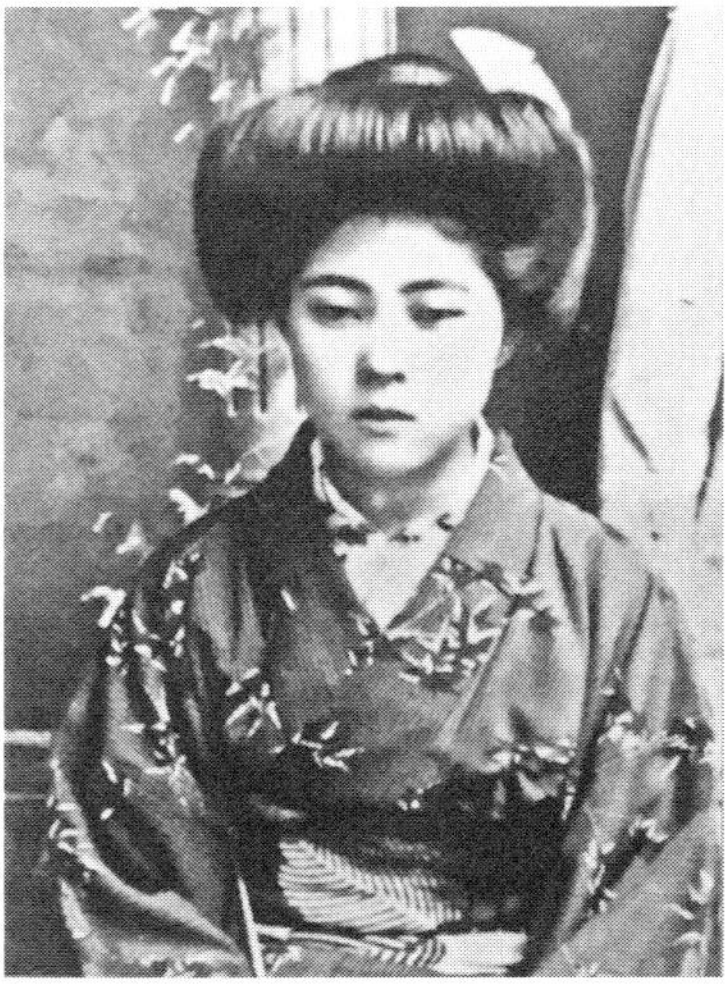

ノブヱ（1912年，大谷令子氏所蔵）

許婚《いいなずけ》やったんですって」。母からそう聞いたと大谷さんはつけ加えた。そうだったのか――。これはしかし、たぶん永久に解けないナゾだろう。

私は事件後のノブヱを思いつつ、写真を凝視し続けた。

ノブヱの孫の大谷さんと仲原和尚の話から、彼女が事件後に「再婚」していたことを知った。ノブヱの戦中戦後を知るのはもちろん本書とは別のことであるが、私は、一瞬でも深淵をのぞかされたノブヱと周囲の事件後のことをもう少し追わねばならないと思った。ノブヱは節堂が「大逆事件」の連座者として起訴された後、「再婚」までのわずかな時をどこで、どのように暮らしたのか。京都の東福寺とどこかで関係しているのだろうか。ほんの一瞬でも「逆徒の妻」という声、空気に幼い少女は怯《おび》え、針の筵《むしろ》に座らされたような思いだったのではないだろうか。舞い上がるような気分で「許婚」の若き僧侶と一緒になり幸せの頂きにいたのに、予想もしない、信じられない事件で世界が突然、崩壊してしまったような一五歳になったばかりの少女はとても一人では「冬の時代」の烈風には耐えられなかったはずだから。彼女の周囲の人たちは懸命に幼い少女を守ろうとしたにちがいない――。

第2章　挫折と懊悩

峯尾節堂の墓（2017年，筆者撮影）

父・徳三郎

新宮市の南にある市営共同霊園の南谷墓地には、谷の底から両側の斜面にへばりつくように幾千もの墓石が立ち並んである。墓地の中に「大逆事件」の被害者三人の墓所があり、それぞれ案内板が設置されている。大石誠之助、高木顕明、峯尾節堂である。医師であった大石は当時から一流の文化人、インテリとしてその名が知られ、事件後から半世紀ばかりは訪れる人はほとんどいなかったが、再審請求が起こされた一九六一(昭和三六)年ごろからは少しずつ増え、二〇〇一年に新宮市議会が熊野の被害者六人の名誉回復宣言をしてからは観光客も含め墓参者は多くなった。

本山から僧籍を剝奪され、一九九六(平成八)年に名誉回復された真宗大谷派僧侶の高木顕明の墓はどうだろう。大谷大学の教授だった泉惠機《いずみしげき》さんの長年の研究と発掘、それに本山への根気づよい働きかけなどがあって生前の非戦、反差別の先駆的な言動がやっと評価され、宗門外の参観者も少なくない。

峯尾節堂の墓所は、墓地の東の入り口近くにある。案内標識はあるのだが、墓参や参観者はほとんどいない。顕明と同じように本山から追放され八六年後にやっと復権したのだが、それを知る人は宗門の人にさえ多くはない。大きく伸びたヒメユズリハとノダフジの枝葉が墓石を覆うように垂れ下がり、一二畳ほどの墓所は薄暗く、六月以降に訪れるとやぶ蚊に悩まされる。

高さ九一センチの小さな節堂の墓がしょんぼり建ってある（本章扉写真）。建立年月や建立者は刻まれていない。その真ん前に息子の帰りを待っていた母のうたの墓がある。うたが亡くなったのは日本の敗戦直前の一九四五年五月、墓の建立はその三年後の四八年で、その当時節堂の墓があったかどうかははっきりしない。「大逆事件」被害者の葬儀や墓の建立は警察によって厳しく押さえられ、墓が出来たのが一九六〇年代の人もいるからだ。

節堂は一八八五（明治一八）年四月一日、速玉大社に近い和歌山県東牟婁郡新宮町二番地（当時）で生まれた。御幸《ごこう》通りに面し、大石誠之助宅のあった船町に近いところである。父は徳三郎、母はうたで、正一と名づけられた。吉田久一の『日本近代仏教史研究』には、一九五〇年代の遺族からの聴き取りによって正一は「二男」と記され、妙心寺発行の『大逆事件に連座した峰尾節堂の復権にむけて』でも吉田の研究に従って二男と記している。

うたの末妹のヨ子の孫、正木健雄（二〇一六年死去）が二〇〇七年ごろに詳しく調べたところ節堂には四歳上に姉はいるが、兄はおらず実際は長男だった（『大逆事件の真実をあきらかにする会ニュース』第四七号、二〇〇八年）。私は確認のために健雄の二人の妹の義子さんと菟原久視子さんの協力で戸籍などで再調査してもらった。事実はやや込み入っている。たしかに正一は「二男」と記録されているが、姉や弟の名は記載されているのに長男の名はなかった。実際には正一は徳三郎とうたの長男として育てられていたようだ。

一八六二（文久二）年生まれの岩本うたが峯尾徳三郎と結婚したのは一九歳のときである。正一が生まれたころ父・徳三郎はどんな仕事をしていたのだろう。吉田の研究にも正木の調査でもそれは明らかではない。正一には二人の弟がおり、兄について断片的に語っているのは四歳下の末弟の慶吉である。彼のエッセイやインタビューを読んでも父の仕事については触れられていない。すでに峯尾の家系は絶えているので、正木健雄の二人の妹(うたは、彼女らの大伯母である)に訊ねてみたが分からなかった。

新宮の「大逆事件」研究の先駆者である仲原清は子どもの夏生さんらには節堂については一言も語らなかったというが、実は二本の原稿を発表している。一つは地元紙『熊野商工新聞』に一九六九(昭和四四)年九月から七〇年一月まで一一回にわたって連載した「峰尾節堂覚え書」である。もう一つは地域文化誌『熊野誌』第一一号(一九七〇年)に寄せたエッセイ「節堂の場合、七分《しちぶん》のことなど」(七分は大石誠之助の甥)である。後者のエッセイは、前者の連載と内容は変わらない。「覚え書」は禅僧・節堂の思想の軌跡を辿っており、それは興味深いのだが、惜しいことに途中で終わっている。節堂の家族のことや龍神ノブヱとの結婚などについては一言もない。それは先述した「大逆事件」の影響を慮《おもんぱか》り、叔母のノブヱへの仲原の配慮だったろう。

仲原は、節堂の父・徳三郎の仕事について知っていたと思われるがそこにも触れていない。仲原はしかし別の資料の中で節堂の父の仕事が摑めるヒントを隠し絵のように遺してくれていた。

「大逆事件」に連座した六人の被害者やその関係者らについて早くから郷土資料として丹念に収集し、今では全国有数の事件関係の文献資料を有している新宮市立図書館には、寄贈・寄託された関係の品々も少なくない。仲原が一九八〇年に亡くなった後、妻の喜子から寄託された写真を貼付した三冊のスクラップ帳もその一つだ。私は、節堂の墓碑の建立年や建立者が分かるかもしれないとスクラップ帳を繰ってみた。

仲原は節堂の墓の写真を数枚撮っていたが、それらは私が一九九七年以降に何度となく目にしてきた墓の正面写真と右側面に経年のために読みづらくなっている節堂の享年と年齢の刻まれた写真だけだった。探していた建立年などを推定できるメモ書きなどもスクラップ帳には記されていなかった。そのうちの一枚を見ていたら、実は節堂の墓石の左横、現在は節堂の弟の三好慶吉の墓のある位置に別の墓碑が存在していたことが分かった。誰の墓なのか。フィルムがなかったのか、記録のために相当の写真を撮っていた仲原なのに、なぜか肝心の墓の写真はなく、墓石の右側面の端だけがかすめるように写っている。仲原はしかし、この墓碑に刻まれていた文字を筆写していた。それによって私は、節堂の父・徳三郎の仕事を教えられた。

峯尾節堂の父・徳三郎が建てた墓石の写真を載せた仲原清のスクラップ帳(新宮市立図書館提供)

墓の正面には「前川与平　山口幸之助　芝崎栄之助　上野熊之助　墓」とあり、右側面は「明治十九年九月廿一日　辰好丸船主　峰尾徳三郎建之」、左側面は「明治十八年旧九月八日　房州富津沖ニ於テ難破ノタメ溺死」と記されてあったと、仲原は万年筆の丁寧な文字で記録していた。この墓碑によって徳三郎が、おそらく廻船業者であり、「辰好丸」の船主だったことが分かった。木の国の新宮では、廻船業者が少なくなく、熊野川河畔に近いところに住居のあった徳三郎はかなり羽振りよく廻船業を営んでいたと思われる。木材を積んだ船が海上交通の難所の房州付近でしばしば遭難事故に遭ったと地元の地誌などは伝えている。

この墓は徳三郎の仕事を教えてくれただけでない。所有していた「辰好丸」の遭難で、徳三郎がおそらく親族ではない水死した乗組員の名を刻銘した墓を、峯尾家の墓所を提供して事故の翌年に建てていたことは、彼の責任感と器量さえも伝えているではないか。船主とはいえ出来ることではないからだ。徳三郎の優しかった人柄さえもそくそくと伝わってくる。

仲原は撮影年月日を書き記していないが、前後に貼付された写真や節堂の弟の三好慶吉が死亡したのが一九七一年などから推して六〇年代に撮ったと思われる。仲原の筆写した刻銘によって徳三郎の職業と人となりの一端を教えられたのだった。「辰好丸」遭難者の墓は少なくとも六〇年代いっぱいはあっただろうが、訪れる人が少ない峯尾の墓所でそれに気づいた人はいない。現在、かつて辰好丸の遭難者の墓のあったところには、大阪で亡くなった慶吉の墓が移転、建立されてある。

徳三郎の事業がこの遭難事故で一気に傾いてしまったのかどうかは分からないが、彼は四人の船員の墓碑建立から三年後の一八八九(明治二二)年一二月九日に没している。その三カ月前の八月一九—二〇日にかけて、台風の影響で起きた日本最大といわれる山地災害「十津川崩《と つ かわ》れ」で十津川、熊野川流域で未曽有の大洪水が起きた。「十津川大水害」とも呼ばれるこの災害で奈良県吉野郡十津川郷(現・十津川村)は壊滅的被害をこうむり、約二六〇〇人が北海道に移住して新十津川村をつくったことでも知られる。

「十津川崩れ」による被害は熊野川河口の新宮町にも大きな被害を与えた。「熊野川洪水は、真に空前にして、又絶後ともいうべきもの」で、財産の七〇％を喪《うしな》ったと記録されている（『新宮市史』など）ようにすさまじい被害だったから、あるいは徳三郎の死はそれにも関係していたのかもしれない。父が没したとき、母のうたはまだ二七歳で、長女は八歳、正一は四歳、慶吉は生後五カ月の乳飲み子であった。

出家

働き手の父の死で一家の経済はたちまち零落し、若く幼い家族のそれぞれの人生に思わぬ運命をもたらし、正一のその後の進路にも大きな影響を与えただろうことは、十分に想像できる。後に「大逆事件」の前触れの事件で証人になった節堂は、母は左半身が不自由で、針仕事もようようの身であったと語っている（一九一〇年七月六日「予審訊問調書」）。検事や予審判事など当局の調書の類は、事件に関しては多くは作為があり、よほど慎重に読まねばならないが、本人の出自、経歴、家庭環境などについてはほぼ信じていいだろう。むろん本人のことばであっても記憶違いや書記の誤記もあるから、可能なかぎり他の資料や証言などとつき合わせなくてはならない。

節堂は亡くなるまで子どものころの夢一つも語っていないが、経済的に幼子三人を不自由な身で育てることが出来なかった母が段取りをしたと思われる寺の小僧となる。吉田久一も父との死別が僧侶への道を作ったと見ている。当時食べるのが難しくなれば、養子に出したり、寺の小僧にやられるというのは珍しい話ではなかった。

新宮市内の臨済宗の二、三代前の出自は東海三県（愛知、岐阜、三重）が少なくない。とくに岐阜県南部の美濃地方の出身が多いと同派の住職から聞いた。節堂の生きた時代に在家で伝えられていたこんなことばがあったという。「一子出家すれば九族守られる」。これは美濃地方での言い伝えで、宗教的な意味合いだけでなく、経済的なそれも含まれていたようだが、同地方の言い伝えは新宮町内でも聞かれたという。幼かった正一が自ら僧侶の道を選択したのではなく、やはり母が僧侶の道を用意したのだろう。

妙心寺本山の寺院台帳には、正一は一八九二（明治二五）年一二月八日、三重県南牟婁郡相野谷《おのだに》村桐原（現・同県紀宝町桐原）の松源寺の俵本宜完《たわらもとぎかん》（法名耕宗宜完《こうそうぎかん》）に就いて得度したとある。七歳での出家だった。その後、高等小学校を終えて新宮町内の松巌院《しょうがんいん》で小僧になったという（「大逆事件」での第一回予審調書）。

二〇一七年の初夏と晩夏の二回、現在は無住の松源寺を訪ねた。泉昌寺よりさらに奥にある。急坂を、息をはずませて上ると、寺は山の斜面に貼りつくように建っている。山間僻地の妙心寺派の寺はこぢんまりした佇まいの山寺が多く、松源寺もそんな一カ寺である。最初の訪問時には寺は閉まっていたが、八月下旬に訪ねた折にはたまたま寺の清掃に来ていた檀家総代が本堂の縁側で昼を摂っていた。総代によれば、檀家は八〇軒ほどで泉昌寺よりはるかに多いが、どんどん減っていると嘆いた。

「大逆事件？　聞いたことがあるね。でも峯尾節堂がここで小僧をしていたという話は知らん。

聞いたこともないなあ」

六〇代に見えた総代はそんなふうにさらっと言うのだった。病弱だったとも伝えられている正一少年は小さな山寺で、和尚を援《たす》けて掃除やまき割りや風呂焚き、水汲みなどの雑用をし、和尚の経を聴いて耳学問をしていたのだろう。冬の桐原はかなり寒いところだったというから、黒潮の影響で温かい新宮で育った少年には相当に辛かったにちがいない。

正一少年はなぜ他県の、新宮町からは遠い三重県の山寺で得度したのだろう。

新宮町内の縁のある寺、たとえば当時は峯尾家の菩提寺だったと伝えられている清涼寺の紹介か伝手《つて》で松源寺の小僧になったのかもしれない。新宮町内には現在でも曹洞宗の寺院が一番多く、ついで臨済宗妙心寺派で、松源寺も和歌山教区に入り、法類の寺は新宮町では松巌院だった。町内ではトップクラスの松巌院は、峯尾の生家と遠く離れてはいない。正一は清涼寺か、あるいは誰かの紹介で松巌院に預けられ、そこから松源寺の小僧になったのかもしれない。

本山では寺院台帳に記載されている以上のことは分からなかった。

得度をして出家した正一少年は尋常小学校から高等小学校二年で修了する一一歳まで松源寺で小僧を続け、その後に松巌院でさらに小僧を続けたと吉田は記す。本山作成の年表もそれに拠っている。私はしかし、正一は松源寺で得度をした後、松巌院へ行き小僧を続け、そこから高等小学校へ通ったと見ている。

妙心寺本山の宗議会議員を長年務め、二〇年以上前に節堂の足跡や行実について調べた和歌山教区の白浜・観福寺住職の足助重賢和尚（一九三六年生まれ）にそんな私の推測を話したところ、「それが無理ないところかもしれませんね」とうなずいた。正一が新宮の高等小学校に通ったと、私が推測するのは、彼の高小時代の成績が優秀だったと、新宮の歌人で文芸雑誌『スバル』の編集にも携わった和貝《わがい》彦太郎(号夕潮)が吉田に語っているからだ。

「彼奴は出来た」「優秀だった」と学業成績を話せるのは、同窓生か同級生だろう。和貝は正一の前年の一八九四(明治一七)年の生まれで、正一と同学年か一年の違いである。明治の初期には五校設けられた新宮町内の小学校は、正一のころには新宮小学校一校に統合され、そこに尋常科と高等科が併設されていた。正一と和貝は新宮小学校高等科で机を並べて学んだ可能性が高い。正一の学業成績について語っているのは、和貝のほかにはいない。

数年後には正一と和貝は町内の俳句会などで一緒に活動するようにもなる。さらに数年を閲した後、和貝は「大逆事件」の弁護人として非公開の法廷で管野須賀子ら被告人の心を揺すぶる熱い弁論をする平出修《ひらいでしゅう》の法律事務所(東京・神田)の事務員として就職し、リアルタイムで検事や予審判事の調書類を読み、筆写をする。当時、平出と同じ文学仲間だった東京朝日新聞の校閲記者の石川啄木が裁判書類を閲覧筆記して、歴史の証言者となり、「日本無政府主義者陰謀事件経過及び附帯現象」などの記録を残したことにも和貝は少なからず関わっている。被告人とされた峯尾の調書を、幼なじみの和貝は辛い思いで読んだだろうか。検事らに責め立てられて返答に窮するかつての優秀な少年の声を耳にしただろうか。

正一少年が松巌院で小僧をしていたころ何人かの兄弟弟子がいた。大きな寺には数人の小僧や客僧のいることは、当時は当たり前だったから、頭を丸めた年端のいかない少年たちが一緒に箒《ほうき》や雑巾を持って立ち働いていた光景を想い浮かべる。正一と同じ小僧で一人の弟弟子がいた。彼は後に連城宜趙《れんじょうぎちょう》を名乗る。松巌院保存の記録と本山の関係記録に節堂と連城の二人の兄弟弟子の名が記載されており、正一が就いた松源寺の俵本和尚の跡を弟弟子の連城宜趙が継ぎ、後に同寺住職の俵本連城になったことを知った。弟弟子が兄弟子をさし措いてというケースはそれほど珍しくはないそうだが、「大逆事件」が起こされていなければ順番どおり兄弟子の正一が松源寺の和尚になっていたかもしれない。

この記録を見た後に訪ねた松源寺の本堂に額入りで掲げられている一枚の表彰状に目が留まった。「俵本連城」が、一九三七（昭和一二）年一月から長く地域のために尽力したことを讃える表彰状だった。一九四六（昭和二一）年一一月三日付である。連城が亡くなったのは一九五五（昭和三〇）年九月と記録にある。私は急いで節堂の齢を数えてみた。生きていれば一九四六年には、まだ六一歳である。連城の亡くなった年でも七〇歳である。すでに私は生まれていたから、節堂が「大逆事件」に嵌《は》められなかったなら、私は節堂の人生にほんの少しかすめるように同時代を生きていたかもしれない。急に彼の存在がとても身近に感じられ、耳にしたこともない節堂の読経を聴いてみたくなった。むろん事件がなければ、節堂に関心を持つことはなかったのだが――。

最初の挫折

禅宗は厳しい修行で知られる。それを経てようやく一人前の僧侶になっていく。

正一が節堂と改名したのは一九〇〇（明治三三）年九月、一五歳のときである。同時に得度した松源寺の俵本宜完から「宜圓《ぎえん》」という諱《いみな》をもらって節堂宜圓と称するようになる。「連城」と同じように「宜」を受けたのだろう。節堂は禅僧に一歩近づいた。さて修行である。

臨済宗の修行は妙心寺派だけでなく、東福寺派、大覚寺派、南禅寺派、相国寺派などそれぞれの本山が持っている専門道場のどこで学んでもいいことになっている。節堂はどの本山で修行したのか。吉田久一の研究では「(明治)三十五年修学のため妙心寺に入った」と簡単に記されているだけである。これは、修行を受けたのと同じ意味だと本山で教えられた。

京都のJR嵯峨《さが》野《の》線花園駅から五分ほどの妙心寺には四八の塔頭《たっちゅう》があり、ここでの修行のための専門道場は天授院である。「大本山妙心寺」と書かれた南総門から入って左手のふだんは閉じられている「勅使門」のさらに左方向へ行くと三つ目の寺が天授院である。節堂が妙心寺で修行していれば、天授院に記録があるはずだ。天授院の門はだが固く閉じられていて、声を何度かかけてみたが何の応答もなかった。

「天授院は一般の人は入れません」。宗務本所教学部の担当者にぴしゃりと言われてしまった。他の塔頭の多くは参観できるようになっているが、修行の場は許されないのである。当然かもしれない。私は節堂が何時から何時まで修行したのかを知りたかったので、その記録を調べてもらった。その結果、節堂の修行の記録は天授院にはなかった。彼は専門道場での修行はしていなかったのだろうか。

「おそらく妙心寺内のどこかの塔頭で修学していたものと思われます」。担当者の推測である。吉田によれば、眼病のために翌年(一九〇三年)新宮へ帰ったとある。修行はしたが目の病気で続けられずに帰郷したと受け取れるが、天授院で道場には入ったが何らかの理由によって途中で「退場」したために記録がないのかもしれない。節堂が眼病だったのは、「大逆事件」に巻き込まれるまではほとんど自身のことを書いていないので分からないが、先述の「訊問調書」の中では「目が悪く修行が出来ません」と話している。その後の彼の歩みをたどると、修行できないほどの重い眼病だったことをうかがえる形跡はない。節堂は幼いころから病弱だったようで、東京拘置所から裁判中に弁護士に宛てて出した手紙に心臓が悪いと書いているからそれと関係していたのだろうか。

専門道場に上がるまでには土間の上にある敷石に二日間座り続ける「庭詰《にわづめ》」などの試練がある。許されて道場に上がれば、禅問答が中心の参禅、修行者同士が向き合っての座禅、そして労働の「作務」の三種が中心の修行が何年も続く。期間はとくに決まっていないが、現在は三年から五年という。ほんの一瞬だが、義兄になった北畠宗謙は第1章（一三ページ）で記したように二年三カ月の修行をしていた。

白浜・観福寺の足助重賢和尚は、節堂が帰郷した事情を推測する。

「妙心寺へ行って道場に上る前に目の病気になり、もともとの病弱に加えて、性格的にもひ弱なところがあり、それらが重なって厳しい修行には耐えられれず帰ったと考えたほうが無理はないのではないか」

とまれ節堂は専門道場での修行をせずに新宮へもどった。吉田は一九〇三年と記しているが、これは節堂の東京地裁での第一回予審調書によっているようだ。直接には眼病が原因であれば、本山の塔頭にも逗留できないから、〇二年中に帰郷したのだろう。いろんな事情があったにせよ、松巌院から覚悟を決めて修行に行ったのにそれを果たせずもどらねばならなかったのは痛恨の思いだったろう。臨済宗はことのほか修行を重んじる。厳しい修行を経て「悟り」の境地への道を発見し、あるいはその手がかりを得る、そのはるか手前で一七歳か一八歳の青年、節堂は挫折してしまった。優秀だった少年の初めての躓《つまず》き――。私は蟬《せみ》しぐれの中、じりじりするような妙心寺の夏の参道を歩きながら節堂の無念を想った。妙心寺南総門右横にある掲示板にはその月の詞《ことば》が大きく書かれてあった。「空を見上げて大きく息を吸う」と。

一七歳の青年・節堂は、大阪の港から新宮の出入り口の三輪崎港までの一日半以上の揺れる船旅を、これからの僧侶としての歩みを思い、どんなにか消沈していただろう。むろん専門道場で修行をしなくても年数を積んでいけば僧侶の道を歩めるが、やはり相当の年数の厳しい修行を経なければ禅宗僧侶としては柱を欠くところがあったのではないか。修行を受けられなかった節堂の「挫折」は、彼が禅僧として成長していく前途に、あるいは試練に立ち向かっていく胆力を持つことに小さくない影響があっただろう。

非戦思想の中で

妙心寺派では、修行はしなくても一定の経年によって法階を得ることは出来る。妙心寺派の最も下の法階は沙弥《しゃみ》職、二つ目は知客《しか》職である。寺院台帳には節堂が知客職を取得した年月日は一九〇三(明治三六)年七月三一日となっている。おそらく京都からもどって間なしで、まだ松巌院で弟子をしていたころだ。それから丸一年後の〇四年七月三一日、一九歳で節堂は同派の成林寺の世話で初めて一カ寺の寺務を任される。熊野川町相須の小寺、真如寺の留守居僧だったが、和尚である。時は日露戦争の最中である。

幸徳秋水と堺利彦が開戦反対を主張して『万朝報《よろずちょうほう》』を退社し、社会主義の宣伝普及のための「平民社」を設立、機関紙『平民新聞』（週刊）を創刊していた。一九〇三年秋である。非戦を核に、フランス革命の「自由・平等・博愛」を標榜した平民社は、戦争中だったが、それゆえ全国に共鳴共感する読者と同志を獲得していった。ここ紀州熊野も例外ではない。新しい思想を吸収する風土・気風に加えて大石誠之助の存在があった。アメリカで医師免許を取り、インドで脚気《かっけ》や結核の研究をし、社会主義をかの地で吸収してきた、新宮町きってのインテリ文化人のドクトル（「毒トルさん」とも言われた）大石は、平民社の秋水や堺と交流があった。『平民新聞』の読者だけでなく、京都・須知《しゅうち》の資産家の岩崎革也《かくや》らとともに平民社の有力なスポンサーでもあった。

誠之助が新宮教会で非戦論の演説をしたのは森長英三郎作成の年表に従えば、開戦翌日の一九〇四年二月七日である。つづいて誠之助は新宮町の日之出座で社会主義平和論の演説をしていると森長は記している。節堂が真如寺の留守居僧になる少し前で、松巌院の弟子だったころだが、ドクトル大石の非戦論や社会主義に関する演説を聞きに行ったことを語る資料はない。新宮市立図書館長を務めた浜畑榮造《はまはたえいぞう》は「一度もない」と断定している（浜畑『大石誠之助小伝』）。

青年僧の節堂和尚が非戦論に関心を持つのは不思議ではないが、これに関しても事実を具体的に語る資料はない。沖野の小説『生を賭して』の中では『平民新聞』を読み、トルストイや木下尚江についての思想を語っていたと描写されてある。沖野が明治学院大学を終えて新宮教会の牧師として赴任したのは一九〇七(明治四〇)年六月だから、日露戦争当時の節堂和尚がどうだったかは分からないが、小説に従うなら彼の思想的レベルや社会主義への関心の高さはうかがわれる。

日露戦争の時期、町内のただ一つの真宗大谷派の浄泉寺住職の高木顕明(一八六四年生まれ)は、日露戦争に協力すべしとの本山の指示をただ一人真っ向から批判し、戦争そのものを否定した全き非戦論者だった。社会主義にも魅かれていた。その思いが熟成し、開戦直後の四月に稿を起こし、九月か一〇月に書き上げたのが「余が社会主義」と題する小論である。公表はされなかったが、真正面から本山を、また戦争を勧める高名な真宗学者を痛烈に批判し、自分は非戦主義者であると名乗っていた。この小論は、タイトルに社会主義が付けられているが、内容は真宗の教えに基づく非戦論、平等主義論である。

新宮の仏教界は全国の仏教界と同様に日露戦争に全面的に協力していくが、顕明はその中でたった独り忠魂碑や戦勝記念碑の建立にも反対し非戦を貫く。それだけでなく仏教者として被差別部落の問題や廃娼問題にも積極的に関わっていく。狭い新宮の仏教界からは顕明の非戦主義などの言動が批判され、「国賊」と罵《ののし》られ、排除されていく。若き節堂和尚も同じ仏教者の顕明の果敢な言動に心を揺さぶられたことは、後に大石らを悪しざまに批判した一九一六年に筆を起こした獄中記「我懺悔の一節」の中でも明かしている。

「品行の点に於いて蓋《けだ》し鶏群中の一鶴であった。町の各宗寺院は一般とはいえないが、概して堕落しておった。賭博はやる。茶屋あそびはやる。金貸はやる。曰く何をやる彼をやるで、一般に傾向が甚だ宜しからざるものであった。が此の人は決してそんな悪い所作はやらなかった。穢多《ママ》の子どもを集めて、読書を授けたり、御堂の賽銭を集めて筆・紙・墨を買って学生に与えたり、拙《まず》かったらしいが、御説教も毎月欠かさずにやったようである」

顕明の社会主義の理解についてもこう書いている。

「此の人は常に語っておった。僕の社会主義は絶対に暴力手段を非とするものである。随って世の直接行動派と相容れざるものである。平和に温和に仏陀の慈悲・光明の下に貧富相握手すべき理想の実現を企図する者である。斯《か》くの如き宣言といってはおかしいが、言葉を私などは始終同人から聴聞しておった」

二〇歳以上も離れた顕明の僧侶としての生き方や社会主義への理解について、節堂は同じ仏教者として敬意を抱いていたようだ。節堂はけれども、ドクトル大石や同じ仏教者である顕明のような言動はこの時期、何一つない。彼が具体的にほんの少しの動きを見せるのは、大石らと交わるようになって以降、早くても一九〇七(明治四〇)年の夏以降である。それでも開戦・非戦を中心にこの国の思想界が大きく変動し始めていた情動のエネルギーが、若い禅僧・節堂の精神に無風だったとは思われない。が、彼は町の中心からは遠く離れた熊野川の縁《へり》に佇む田舎の寺の留守居僧であった。

懊悩の始まり

節堂和尚が初めて赴《おもむ》いた貧しい寺、真如寺へ行った。

新宮市内から熊野川に沿って国道一六八号を本宮方面へ遡ること車で四〇分弱、やがて車は宮井橋を渡り、川の左岸の山沿いの小道を三分ほど走ると、熊野川町相須地区に入る。人家は鬱蒼《うっそう》とした樹林の間に目で数えられるほどしか点在しない。節堂が留守居僧をしていたころ、現在のような道はなかったから新宮町の中心からは歩けばたっぷり六時間はかかり、団平船《だんぺい》という三反のさらしの帆を張った川舟、それゆえ三反船とも呼ばれたが、それを利用しても四時間近くはかかったと各種の史料は伝えている。

「あれです」。川を左手に、進行方向の右手の小高いところに一一〇年以上前に節堂のいた真如寺はあった。案内してくれた市議会議員の上田勝之さんにそうと教えられなければ分からない。外見はふつうにイメージする寺院の構えではなく、民家風の屋根で倉庫と見まがうようである。

「アパートみたいやろ……檀家が少ないさかいな、寺を維持するのが大変で、だいぶ前に横のほうを削ったんや。三分の一ほどやったと思う。それまではお寺らしいかっこしてたんやけどなあ」大阪で長く働いていた古い檀家の平岩明さん(一九三七年生まれ)は、日焼けした顔貌をくしゃくしゃっとゆがめた。せつないなあという思いが、ことばの後に滲《にじ》む。檀家は十数軒しかない。「昔からこんなもんや」。平岩さんの声が宙に飛んだようだった。

ふだんは施錠されているカギを開けてもらう。「真如寺」と書かれた寺の正面からではなく、横手から内部に入る。溜まっていた暑気とほこりの臭いが混じって鼻をつく。天井は煤《すす》けている。板の間を含めて一〇畳と一二畳の二間しかない。間仕切りの敷居の端に小さな黒いモノが視界に入った。

「鼠の死骸ですから、気ィつけて」

血を吐いたような鼠が横たわっていた。

相須地区には田畑はなく、一九六〇年代までの仕事は樵《きこり》か炭焼きである。地元住民が食べていくことさえやっとだったこの川沿いの山際に建つ小さな寺の僧侶の生活をわずかばかりの檀家が支えるのはとても厳しかった。臨済宗の寺は、歴史的に寒村の山際に教勢を張っていった関係で寺の住職や小僧は自ら耕作することも少なくなかったが、節堂は生来、病弱でとても自給自足のできる身体的能力はなかった。檀家の飯米（給与）やお布施だけでは食べていけなかった節堂が間もなく真如寺を去ったのは止むを得なかったのだろう。

本山の寺院台帳には留守居僧の記録は残されてはいないから、彼が真如寺を離れた時期は、寺にある資料でしか分からないが、同寺にも過去の記録は残っていない。「熊野川の氾濫で寺は何度も浸水しているから」である。寺は熊野川から一〇メートルほどしか離れていない。一八八九年の「十津川崩れ」で寺は丸ごと熊野川に飲み込まれてしまったという。凄まじい洪水であった。その後も何度か大雨や台風によって水に浸かっている。最近では、二〇一一年九月三日から四日の台風一二号による熊野川の大洪水でも真如寺の本堂の中位ぐらいまで水に浸かった。

「ここまで水が来たんや」と平岩さんは、鼠の死骸の横たわっている敷居の柱につけた印を指さした。背丈をはるかに越えていた。真如寺自体が高台にあるから、洪水の凄まじさは想像を超える。

敷居を跨《また》いだ一二畳間の右奥に本尊があり、その周囲に数十の位牌が雑然と置かれてあった。中には横になっている位牌もある。どれぐらい前の死者たちのそれなのか。かなりほこりを被っている位牌もあった。

「これ、節堂さんの位牌ではないですか」

いくつもの位牌の中から上田さんが真新しい金箔の位牌に気づいて取り出した。「妙心前堂節堂圓和尚禅師」。裏を返すと「大正八年三月六日　示寂　峰尾節堂　世寿《せじゅ》三十六才」とあった。紛うかたなく節堂の位牌である。これはだが、彼が亡くなった当時につくられた位牌ではない。彼の死から七七年後に本山が拵《こしら》えた位牌だった。後に詳しく触れるが、彼は、「大逆事件」によって国家と臨済宗本山の双方から抹殺され、僧侶でありながら長く位牌もなかったのである。

留守居僧の節堂が真如寺を去った詳しい経緯は分からないが、せっかく僧侶にはなっても貧しい寺の留守居僧では食べていけない。檀家の少ないところで宗教者として生きていけるだろうか――。彼の不安、悩み、揺れは僧侶として歩み出したころから始まっていた。

俳人草聲の登場と退場

節堂が真如寺の南東約一四キロほどの三重県南牟婁郡紀宝町阪松原の山寺である泉昌寺に移ったのは、一九〇四年中である。請われて行ったが、やはり留守居僧だった。ここで彼は、受け取るべき飯米をめぐって檀家と衝突し、三カ月ほどで泉昌寺の留守居僧も辞めている。衝突の経緯は分からないが、節堂は、ふつうの僧侶なら決して争いはしない、大事な檀家としかも飯米問題で去ってしまうのだから相当の熱いエネルギーがあった。彼のこの烈《はげ》しい情動の断面を見逃さなかったのが沖野岩三郎である。

「流石《さすが》は宗教家だけあって私の位置境遇に同情する所があって、頭ごなしの議論などは決して持ちかけて来なかった。けれども随分猛烈な所もあって、今の明治学院教授山本秀煌《ひでてる》君が講演に着て呉れた時などはM、Sの質問の態度は恰《あたか》も後鉢巻に玉襷《たまだすき》と云う様な勢であった。あとでOドクトルが「Mは仇討でもする様な意気込みだったね」と言って笑ったのであった」(『生を賭して』より。「M、S」は峯尾節堂、「Oドクトル」は大石誠之助)

これは沖野が新宮教会牧師になってからのことだが、節堂の持っていた烈しさの一端を鮮やかに掬《すく》い上げている。しかし若き禅僧の情熱を発露する場がなかった。

泉昌寺を去って新宮にもどった彼はいくつかの寺で客僧をし、その間に法階も年数とともに上っていく。真如寺の留守居僧になったときの法階はまだ沙弥だったが、その後、蔵主《ぞうす》、首座《しゅそ》を取得し、一九〇五(明治三八)年一一月八日付で初めて住職になった(住職とは、法階であり職名である)。節堂はまだ二〇歳である。赴任した寺は何と、彼が一度は去った真如寺だった。「おそらく弟子時代から世話になっている寺の住職から勧められたのでしょう」とは本山の宗務本所教学部職員の推測である。住職になってからは首座職の一段上の「前堂《ぜんどう》職」を獲得する。

節堂の法階は上がっても小寺の真如寺の環境が裕福になったわけではない。貧しい地区で、専門道場での修行も出来ず、悟りにはほど遠い宗教者としてどうして生きていけばいいか――。熱い心を秘めた若き僧はどんなにか心が萎え、たわむこともあったに違いない。幼くして父を失い、若い母を支え、ひたぶるように生きてきた節堂の懊悩の深さを、真如寺を囲む静寂の中で想った。彼は文化的思想的な雰囲気に渇望した。刺激も欲しかった。

新宮は進取に富んだ開放的な町だった。節堂が真如寺の住職になる前、おそらく町内のどこかの寺院で客僧をしていたころだろう、日露戦争の最中に大石誠之助と彼の若き甥の西村伊作(一八八四年生まれ、文化学院創立者）が太平洋食堂というレストランを大石医院の前に開店し、町民の度肝を抜く。一九〇四年一〇月のことだ。新宮が太平洋に面し、平和主義者を意味するパシフィストを掛け合わせた名称だったと後年、西村は自伝に記している（西村『我に益あり』）。西洋食堂と非戦を掛け合わせた思い切った試みは、熊野新宮人の土着の気風の面とやはり大石の異能によっているが、新宮町にはそんな気質と気概が埋め込まれているようにあった。

日露戦後の一九〇六年、新宮に起きた大きな問題は遊郭設置問題だった。群馬県と並んで公娼を認めていなかった和歌山県でそれを認めるという県の方針が出され、大石や田辺の『牟婁新報』にいた荒畑寒村、管野須賀子が大反対の論陣を張り、顕明も行動的に加わる。結局、言論戦の反対運動は押し切られていくが、節堂はそうした華々しい動きを知っても、川奥の住職ではかかわれない。彼が新宮に居たとしても参加できる果敢さがあったかどうかは疑問だが、渦中にいたかった、あるいはその傍らにでもいたかったのではないか。

住職であるから原則的にはそこに定着し寺務をこなさねばならないが、節堂はじっと真如寺の狭い本堂で経典を読んでいたのではなかった。しばしば新宮との間だけでなく、阪松原の無住寺の泉昌寺——飯米のことでもめた寺だが、彼はこの寺の佇まい、雰囲気が気に入っていたのではないか、そんな気がしてならない——にもしばしば足を向けていたことでも分かる。それは、真如寺がたんに貧しい寺だっただけではない。彼は何かに追われるように不安を抱えていた。節堂の滾《たぎ》る情熱と不安定さが一体となって、奔出する先を求めていた。

節堂は少年時代、一六、七歳のころに大石誠之助の従兄弟で大石貞友（元郷）が元鍛治町《もとかじ》で開いていた著名な漢学塾「猷龍館《ゆうりゅうかん》」で学び、漢学の教養は豊かだったが、さらなる知識への渇望感が強く、本好きであった。当時、熊野で盛んだった俳句に彼の志向が向かったのはだから、ごく自然だった。同じ仏教者の顕明も早くから「遠松」の号で俳句を吟じ、「金曜会」という句会に参加していた。彼の場合は、住持住職で落ち着き、仏教界からは除《の》け者になっていたが、地に足着けて非戦、反差別を貫ける宗教者だった。

新宮にはそのころ公娼設置に反対した革新系の『熊野新報』に対抗して、保守系の『熊野実業新聞』があった。その主筆記者で俳人だったのが徳美松太郎(号夜月、一八七五年生まれ)だった。妻が新宮の人だった関係で京都出身の彼が『熊野実業新聞』に招聘されたのは一九〇〇(明治三三)年で、ほぼ七年間在籍した。この間、徳美は、俳句人口が三〇〇人を数える(清水徳太郎「熊野俳壇回顧録清水友猿遺稿」『熊野誌』第二六号特集)など俳句の非常に盛んだった熊野で句会「吹雪会」「金曜会」に紙面を提供し、同地の俳句の黄金時代に寄与した。徳美が熊野のインテリである大石誠之助と交わりを持つようになったのは、一九〇三年ごろからで彼から社会主義思想を教えられ、その影響もあって〇六年夏に町内の自宅に新聞雑誌縦覧所という、今でいえば新聞雑誌をメインにした小さな町の図書館を設けている。熊野では簡単には入手できない新聞雑誌や書籍を置き、町民が自由に閲覧できるという画期的な場であった。大石から提供された『平民新聞』も置かれていた。若き佐藤春夫も新聞雑誌縦覧所を利用していたから、知識欲に溢れた節堂もここに出入りし、俳句を通じて自然に徳美と交わるようになった。徳美は節堂の人生を大きく変える大石との出会いの接点になるが、それはしばらくのちである。

「M、Sは俳句が上手で且《か》つ新刊の文学書をよく読んでいた」。沖野は小説の中で節堂の俳句をこう評している。節堂が俳句の道に入ったのは、おそらく真如寺の住職になってからである。「草聲」と号したが、山寺の和尚という彼の環境から名づけた俳号だろうか。彼の俳句への熱の入れようを描いているのが明治期の熊野の風物、人間模様をジャーナリストの眼で捉えた永広《ながひろ》柴雪《しせつ》の『新宮あれこれ』である。時は「明治四十年頃」で、吹雪会が盛んでしょっちゅう運座会がここかしこで開かれていた。吹雪会の中心的俳人で、仲の町にあった文具店の店主・清水信吉(号礁破)の店先のある日のシーンである。

「店頭に鎮座した清水礁破氏の店先には毎日のように訪れたのは峯尾草聲、丸山円山、大野郊外、それに熊野実業新聞主筆徳美夜月(中略)店頭忽《たちま》ち俳句の運座会が催された」

真如寺の住職だった節堂が俳句に愉楽を見つけ、「毎日のように」新宮の運座会に姿を現していたのである。俳句を通して徳美夜月とのつながりが出来ていたことも分かる。『新宮あれこれ』には、俳句に入れ込んでいた節堂の姿を鮮明に捉えている記述が見える。同じ年ごろの初秋の候、場所は同じく清水文具店である。

「店先で本を読んでいた礁破の側へ「オイ草聲和尚を引っ張って来た」と入って来た円山と云う男があった。三ツ頭が揃うたからは早速運座会をやることになる。秋になって初めての句会だ。家の中は蒸せるので一歩進んで街頭運座をやることになった」

草聲の号が一九〇五(明治三八)年創刊の文芸誌『はまゆふ』にその姿を現したのは一五号(一九〇六年九月)である。

傘さして一里を来たり月の雨
野《の》施行《せぎょう》の歌うたひゆく薄《すすき》哉《かな》

『はまゆふ』のこの号には「南瓜道人」なる人が、無住の泉昌寺の寺務を手伝いにきていたと思われる節堂を訪ねたエッセイが掲載されている。たまたま桶の修理に来ていた職人が突然具合が悪くなり、節堂と「南瓜道人」が彼を背負って医者まで連れていき、いやがる注射を受けさせる様がユーモア込めて記されてある。途中、「南瓜道人」と節堂が宗教と俳句をめぐって論議をしたともあり、節堂の生真面目さの一面を伝えている。

『はまゆふ』第一六号(一九〇六年一〇月)には、重鎮の夜月と並んで一句掲載されてある。

茸禅師松の雫《しずく》の露衣

節堂の俳句への傾斜は、一九〇七(明治四〇)年に入ると、いっそう熱を帯び、吹雪会の同人にもなっている。一号おいて『はまゆふ』第一八号(一九〇七年一月)には吹雪会の吟行に参加して、

ふゆの蝿死せば弾丸黒子かな
居酒屋の浅き帳場やふゆの蝿

を詠んでいる。さらに同じ号には別の句会にも参加して二句捻っている。

毛布着て時雨《しぐ》る、寺を叩きけり
乾鮭の洒蛙《しゃあ》々々として茶漬かな

いずれの句もなかなかで、非凡な詞藻《しそう》のかたはしがきらめく。草聲節堂は新進俳人として期待されていたようである。

『はまゆふ』のこの号には、節堂と和貝夕潮という十数年前に机を並べたかもしれない二人の交流のシーン「梅見の記」が載っている。吹雪会の数人と夕潮が、やはりこのときも阪松原の草庵・泉昌寺に居た節堂を訪ね、淡雪舞う中で梅見をした。夕潮は短歌が主だが、句も詠んだ。節堂も俳句だけでなく「新潮」の名で歌も詠んだらしいが、今のところ一首も見つかっていない。夕潮は、「梅見の記」を短歌をまじえて味わいあるエッセイとして書いているが、その中に節堂を詠った歌一首がある。

谷の石若僧原は藁の火を焚きて梅見る雪降る中に

節堂と夕潮がこういう形で会ったのは、おそらくこのときが最後だったろう。三年後には、東京・神田の法律事務所で夕潮は「被告人」峯尾節堂と「再会」することになるのだから。

草聲の詠んだ句は、第一八号を最後に姿を消す。『はまゆふ』第一九号（一九〇七年四月）には、同誌の落丁があり詠み人不明だが、「草聲子に」との前書きの後に一句ある。

まんまると剃《そ》り得ぬ頭霞《かす》みけり

惜別のような句を最後に草聲の名は突然のように熊野の俳句界から消える。彼の中にはすでに俳句に飽き足らない何かが滾っていたのか。何かが蠢《うご》めいていたのか。それは確たるものではなく、精神の漂流であったのかもしれない。節堂は何処に向かって、何をしようとしていたのか。

「草聲」の姿が見えなくなって三年ばかりして、盛んだった熊野の俳壇が突然、沈黙する事態に襲われる。「大逆事件」である。京都へ帰った徳美夜月は家宅捜索され、吹雪会の俳人らも「常に尾行されている影のようなものを感じていなければならない日常だった。新宮の俳壇はここで完全に中断する。大逆事件の後遺症がクレバスとなってポッカリと深い亀裂をのぞかせたのである」（清水「熊野俳壇回顧録」）。

節堂の俳号「草聲」が現れるのは『はまゆふ』から二年後、思わぬところだった。

彷徨いながら社会主義に接近

節堂が俳句を始めたのは宗教上の悟りを啓《ひら》いたからではなく、むしろ煩悩から脱することが出来ない中で、精神的な活路を探していたからだったように思う。俳句を吟じ出すのとほぼ同じころ節堂は、真宗から独特の宗教的境地――宇宙の本性は無我の愛にある――に到達し、さまざまな人に影響を与えた伊藤証信《しょうしん》(一八七六年生まれ)の発行していた通信『無我の愛』に手紙を出している(『無我の愛』第九号)。

「『無我の愛』日夜繰り返し〳〵、拝読いたし居り候。煩悩しげき身の、容易に其境に体達すること能わず、苦悶罷在候処。昨今稍得るところ有之、嬉しく存じ候。信仰さえ確立せば、パンや、衣服や、住家や、乃至世間の毀誉褒貶やは、どうなっても宜敷きもの歟《か》と存じ候。雨降らばふれ、雨楽しく候。風吹かばふけ、風楽しく候。以上(紀伊、峰尾節堂氏)」

一体宗純の歌に託して自己の心境を綴っているが、ことばとはうらはらに、節堂は精神にからみついた煩悩から何とか抜け出そうとしてのた打ち回っているようだ。『無我の愛』への手紙は俳句に身を入れるようになる前の一九〇五(明治三八)年一〇月一〇日付である。

俳句に打ち込んでも節堂は落ち着かない。迷いの中で彼は熊野の知の巨人、大石誠之助を訪ねる。もとより彼は漢学塾「猷龍館」で誠之助を知っていたという(浜畑『大石誠之助小伝』)が、節堂より一八歳も年長者であるからせいぜい挨拶した程度だろう。同じ新宮生まれの青年僧侶には、小さいころから知っていた大石は眩《まぶ》しいほどで、仰ぎ見るように憧れていた。大石は幸徳秋水にひけを取らない知識人で、新思想・社会主義の具体的な普及者であり、熊野の未来に希望を託される存在だった。大石宅は、町のインテリの文化サロンでもあり、大石と知り合い、そこに出入りすることは若者にとって自らの知のステータスの証のようにも思われた。

そんな大石に節堂が面会する日が訪れた。紹介者は俳句の徳美夜月である。貧しい真如寺の住職に飽き足らず、俳句に文学的情熱を注ぎつつも、いつも肺腑に穴の開いたような気分で、精神が宙を彷徨《ほうこう》していたころだ。

一九〇七年三月のある日、節堂は徳美の紹介状を持ってドクトル大石を訪ねる。大石に頼みごとをするためだ。

〈私は僧侶として生きていくのはつくづく難しいと思うようになりました。そこで思い切って僧侶を止めて、東京で新聞記者をやってみたいと思っています。『平民新聞』の記者のような……つきましては幸徳秋水先生をご紹介いただけないでしょうか〉。うむ。そうか。分かった。禄亭は平民社宛の紹介状をさらさらと認めた――。

大石はふつうの物識り知識人ではない。彼は社会の価値体系への強烈な批判精神を持った、徹底した個人主義者だった。情歌を師匠の如く詠い、西洋料理をつくり、医者をし、貧者からは治療代も薬代も貰わぬ大石の根底にあった思想を節堂が深く認識していたとは思えないが、懐深い禄亭は節堂の決断を問い詰めることなく、彼の長所である優しさや、漢籍に優れ、俳句も詠めるなどのことばを添えて、そしておそらくは旅費まで用意して若き和尚を送り出した。ほぼこんなふうだっただろう（森長『禄亭大石誠之助』、吉田『近代日本仏教史研究』などを参照し、筆者の取材を重ねて構成・脚色した）。

節堂はむろん物見遊山で東京へ行ったのではない。彼の中に新聞雑誌縦覧所でも読んだだろう『平民新聞』が具体的に存在し、秋水がいたということから思えば、思想として形になってはいなくても自由、平等、博愛の精神、それに若者特有の前向きで、抵抗の精神も息づいていただろう。節堂の東京行はだが、不首尾に終わった。

日露開戦反対を軸に、自由・平等・博愛を掲げて秋水らが社会主義の普及、宣伝のために創った平民社の機関紙、週刊『平民新聞』は、発禁や発行人の堺の検挙などの弾圧ですでに廃刊に追い込まれ、社会主義運動への取締りは軟らかな布から太い紐で首を絞めるように徐々にきつくなってい た。やむなく平民社はいったん解散し、秋水は渡米、運動の再構築を模索し、直接行動による社会主義を実現していく思想を獲得して一九〇六年六月に帰国した。

秋水と堺らは平民社を再建して、一九〇七年一月に今度は日刊の『平民新聞』を発行したが、またも弾圧に次ぐ弾圧によってわずか三カ月で廃刊せざるを得なくなった。節堂が上京したころは、まさに日刊『平民新聞』が廃刊され、堺も秋水も同志の身の振り方に四苦八苦していたのである。秋水も堺も誠之助の紹介ではあってもそれどころではなかった。節堂は社会主義への国家の弾圧の凄まじい状況をほとんど知らなかったが、その空気には触れた。節堂は追い返されて、傷心のまま帰新したのだった。後に「大逆事件」の予審訊問で、東京行の顚末を語っている。これは彼が書いたのではなく、予審判事の訊問を書記が一問一答のスタイルで文章化した調書であるが、そのまま記す。

「大石の添書をもって東京にゆき、平民新聞社〔現・中央区新富二丁目辺り〕を訪ねましたが、もう廃刊同様で誰もおりませんでしたから、大久保〔現・新宿区百人町辺り〕の幸徳を訪ねて相談しましたが、幸徳は適当な口がないと申しましたのでやむをえず帰国し〔後略〕」

節堂は訊問の中では話していないが、吉田久一は「平民社では堺か誰かに「坊主に徹しろ」と一喝」されたと記している。吉田が書いている根拠は不明だが、たしかにありそうな話で、節堂は別の調書では大久保の秋水宅には堺もいたと言っているから、控えめに言っても二人に諭され、帰郷したのだろう。僧侶を捨てて東京まで行って記者に成りたいというのは、よほどの覚悟だったはずで、修行断念に次ぐ大きな挫折である。帰新した節堂の迷いは一段と深くなったようだ。

彼は東京へ行った間も真如寺の住職だった。いくら檀家の少ない寺で寺務も少なかったとはいえ、住職としてはどうだったのだろう。帰郷して半年もしないうちに彼は、真如寺の住職を退職する。一九〇七（明治四〇）年八月一九日である。退職は、すでに東京行を決めたときに決心していたのだろう。「住職退職」はしかし還俗《げんぞく》ではなく、真如寺の住職を退いたという意味である。

時代は一気に下って現代、自らその寺の住職を辞めるという節堂の思い切った決断を、同じ派の住職をしている清蔵寺の白井和尚は、彼の苦悩が行き着いた先として理解できるという。「住職を辞めるというのは、たしかに尋常じゃありません。ですから何か深いものがあったと思いますね。辞める前に大石に会い、秋水にも会っていることも影響しているかもしれません」。

山の寺でほぼ一〇年住職をしている白井和尚は二〇一八年から、節堂が住職をしていた真如寺の兼務住職になる。それもあって節堂のことを我がことのように思う。

「山の寺で住職をやっていた節堂さんの迷い、ブレが私にはよく分かるんです。まだ二〇歳そこそこで住職になって、これから宗教家としてどうして生きていけばいいのだろうと考えたと思います。知的レベルが高かった人ですから、檀家さんとの話も合わなかったでしょう。ですからいっそう悩んだと思います。その中で社会主義に出会って、半歩でも一歩でもそこに足を踏み入れたのは、十分ありうることだと思います」

再び一一〇年ほど前にもどる。沖野岩三郎が描く「M、Sと私との関係」では、そのころの節堂の生き方が容赦なく描かれている。沖野の小説は固有名詞を隠し、年代などを巧妙にすり替えたりしているなどの作為をのぞけば、状況や人間関係や人物の性格、心理については、辛辣《しんらつ》なところや疑問もあるが、わりに正確に描かれている。同時代の唯一の証言であり、節堂の姿の一端を捉えているので、やや長くなるが追ってみる。

節堂が住職を辞めた直後に、沖野はドクトル大石からそれを聞かされる。それから間もなくだった。

「或日私の宅をヒョッコリ訪ねて来た。勿論法衣は纏《まと》っていない。懐からナショナル読本（明治期における英語の教科書の見本になった本で1と2があった）の二巻を取出して其内の知らない文字の意味を二つ三つ訊ねて帰った」

「法衣は纏っていない」節堂を描き、英語の教科書本を手にして牧師に教えを乞う姿から節堂の変化の兆しがほの見える。沖野はその前に、こんなシーンを描いている。一九〇八年の秋、コスモスの花が大地を染めはじめたころである。節堂は無二の親友を亡くしたと言って、沖野のところへやって来て予告するようにこんな話をするのだった。

「どうしても禅宗は無神唯物論である。誰がどう言っても唯物論の根底に立たねば釈迦何物ぞ我何物ぞと云う域には到達出来ない。と言って友達が死ねば悲しい。無霊無神だと知りつつも記念会の一回でもしてやりたくなる。此間の矛盾した消息が何物かの形になって現われねばならない。もう自分達は樹下石上でもあるまい、一つ法衣を脱いで社会の為に実際の働きをして見たい。U、Gも禅宗から実行主義に移ったのだ。其の心理は私によく了解出来る」

「U、G」は、曹洞宗僧侶の内山愚堂《ぐどう》(一八七四年生まれ、「大逆事件」で刑死)で一九〇八年の秋には『無政府共産』『帝国軍人座右之銘』などを秘密出版し、貧困など社会の矛盾の根源を鋭く抉《えぐ》っている。後に非常に有名になる『無政府共産』を節堂が読んでいたかどうかは分からないが、同じ禅僧だった行動的な愚堂のことを知っていた節堂のこのころの関心の方向が垣間見える。社会のために行動したいから、法衣を脱ぐ、それが真如寺の住職退任という実践だった。住職を退いた節堂は、町内の妙心寺派の成林寺に身を寄せ、労働する僧侶になった。そこへ訪ねてきた沖野に節堂は、それでも焦燥感を滲ませながら言うのだった。

「僕は僧侶だと言って徒衣徒食するのが嫌さに、此の寺へ来て自ら働いて食おうとするのだが、毎日菜畑へ糞を担いで行ったり薪を割ったり、到底此の弱い身体が堪えられそうにもない。寧《いっ》そ思い切って還俗しようかしら」

苦悩の色がとても濃い節堂を心配して沖野は慰めた。

「大分痩せたよ。僕は労働と云う事は強《あな》ち《が》糞を担いだり、石を割ったりするのみではないと思う。思想する事夫《そ》れも大いなる労働でしょう。矢張り君等は頭を働かする事だ」

節堂はうなずきはしたが、吹っ切れた表情ではなかった。心配する沖野の耳に、間もなく節堂が大石の薬局生にしてほしいと頼みにきたという話も伝わってきた。牧師である沖野は思い切って、迷いから救い出さねばと思い「うちの教会へ来たらどう？」と手を差し伸べた。そのうちに節堂は、無教会主義の内村鑑三を読むようになり、また同志社大学の神学部へ入学しようかと沖野に相談までした。それも本気か冗談か分からない。こんなふうにぐらぐらしている節堂には、牧師の沖野も手を焼いた。その後の節堂の変化を沖野はやや雑に記す。

「彼が無為主義者と繁々往復するようになって、遂に唯物主義のアナキズムに衝き進んでしまった」と。

無為主義とは無政府主義の謂《い》いだが、節堂がそのころ行き来していた大石、顕明、本宮町の成石平四郎、三重県・市木《いちぎ》の﨑久保誓一らは社会主義者、あるいはそのシンパサイザーではあったが、アナキストとは言えなかった。沖野は、節堂がアナキズムに衝き進んだと記したすぐ後に、「立派な洋服を着て、川奥のお寺の美しい……」と続けている。結婚がアナキズムに進んだ節堂の落ち着き先だったかのようにも読める。すでに見たように節堂の結婚は、むしろ落ち着いたがゆえだったのだ。

沖野が小説で地に足の着かない節堂の思想の迷走ぶりを書いている時期、一九〇六（明治三九）年ごろから〇九年ごろまでは、たしかに節堂は不安定でバラバラだった。真如寺の住職を退いた後、成林寺で暫く世話になったが、法衣を捨てて同志社神学部への道を歩むでもなく、あちこちの寺を転々とする。

「同年〔一九〇七年〕田植えの頃、伊勢の西来〔禅〕寺と云う寺に厄介になり、一ヶ月程にて立ち去り、新宮に戻り松巌院に世話に為り一ヶ月を経て去り、古座の祥源寺の長老の世話にて大宝寺の留守居僧となりて三ヶ月程にて立去り、夫より新宮町清閑院の客僧となり、夫より四〇〔四二〕年旧正月五日に今の寺〔泉昌寺〕の留守居僧となりました」

節堂は一九一〇（明治四三）年七月の「証人訊問」でこう供述している。その後の予審調書では伊勢の西来禅寺の後に三重県度会《わたらい》郡二見《ふたみ》村（現・伊勢市二見町）の禅棟寺でも世話になったと述べているから、あるいは「世話になった」、もしくは客僧になった寺は他にもまだあるのかもしれない。わずかの期間にまるで派遣僧のように和歌山、三重県のいくつもの寺を回って食いつなぎ、最後が泉昌寺の留守居僧だった。

各地の寺院をさまよい歩いていた節堂は、生活面でも荒んでいた。一九〇八年の晩秋の候から翌〇九年の旧正月の頃まで、新宮町内の三国屋という料理店の芸妓《げいぎ》「三玉」に熱を上げ、母が細々とした生活の中で貯えていた虎の子の二〇〇円を持ち出して放蕩三昧を続けていた、と自ら明かしているのである（今村力三郎ら三弁護人宛書簡から）。ほぼ同じ内容を獄中記「我懺悔の一節」の中でも書いている。

「私は或る売女に恋慕して本心を失い、有ろう事か母の貯金の二百円ばかりの金を盗み出して、日夜其の女の許《もと》へ其の歓心を買うべく湯水三昧の放蕩……」

遊郭設置反対だけでなく、そこに出入りする男たちのことを家族に報せようとまでしていた高木顕明が知っていたらぶっ飛ばしていただろう。節堂が自身の破廉恥な行為を弁護士に告白し、後年になってもくり返し語っているのは不可解だが、とまれ当時の節堂の精神の荒廃がもたらした荒ん

転々としていた峯尾節堂が 1908 年初めごろに留守居僧をしていた大宝寺．伽藍は 1882 年 4 月の再建当時のまま(2011 年，森奈良好氏撮影)

だ生活が分かる。

そのいっぽうで彼は大石を通じて知った、社会主義者を自称していた中央大学卒の本宮町の成石平四郎や隣県の崎久保らと交流し、また顕明らが一九〇六(明治三九)年ごろから浄泉寺でたびたび開いていた思想研究会(談話会)にも時どき顔を出していた。その中で誰との交わりが深かったかは、沖野の小説にも描かれていない。当時の他者との思想や意識の交流の回路だった手紙やはがきを節堂はあまり書かなかったようで、残っているのははがきが二通あるだけだ。そのうちの一通を読んでみる。

宛先は「本郡請川村耳打《うけがわむらみうち》　成石蛙聖《あせい》兄」。和歌山県東牟婁郡請川村(現・田辺市本宮町)の成石平四郎宛である。差出人の住所氏名は「紀伊国東牟婁郡七川《しちかわ》村佐田　峯尾節堂」とある。現在の東牟婁郡古《こ》座《ざ》川《がわ》町で、各地の寺をさすらうように歩いていた節堂がこの地にある大宝寺に居たころに出したはがきである。消印は読み取れないが、節堂は居所の次の行に「二月四日」と書いているので、彼が述べた「訊問調書」とつき合わせると、一九〇八(明治四一)年二月四日だろう。はがきの裏面には、細いペン字(と思われる)で、三段に分けてびっしり書かれてある。どういう順序で書いたのかは分かりにくいが、おそらく下段からだろう。「無政府共産主義を奉ずる者は其の主義の尊厳偉大なるを少しなりとも汚さざるが為め其の言行の摯実《しじつ》なるを要すと切に感ず」。中段には「クロポトキン翁の著書を読みたい志願にて英語の研究を始めた、併《しか》し一生涯之れに従事するつもり也、一寸でハユカヌ」。上段は天地逆さまで「仰兄の思想主義ハ如何ん。何《いず》れ我等の事業は命を捨ててかからねバならぬ。十分修養の後は牢獄で死ぬまでだ」と書いている。

この文面だけだと、節堂の思想がラディカルになっているように読みがちだが、当時の彼の不安定な精神の彷徨の文脈の中に置くと、もがき苦しんでいる彼の迷いの一コマの表出のようにも読める。

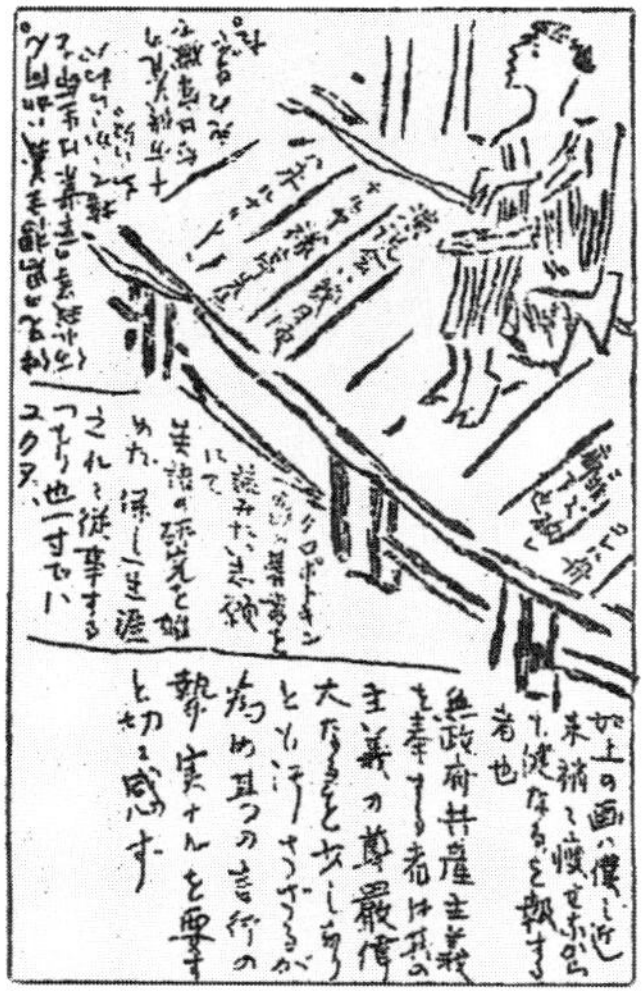

峯尾節堂が成石平四郎宛に出したはがき（1908 年 2 月 4 日付）

このはがきには、彼の自画像が描かれていた。大宝寺の縁側で膝を抱えて顔を斜め上向きにして薄い着物姿で寒そうに座っている節堂である。自画像の右側に「コレハ舟ニ非ズ破レ廊下也」と添え書きがある。「如上ノ画ハ僕〔一字解読不能〕近来稍々痩せながらも健なるを報ずる者也」とキャプションを付けている。自画像を見、文面を逐《お》っていくと、父の死によって幼少のころから自らが選択できない道、陽の当たらない道を、挫折しつつ歩んできた若き禅僧のもがき、苦しみ、哀しさを感じないわけにはいかない。

自画像の描かれたはがきについて「峯尾の振子が最も左に動いているときであった」と森長は『祿亭大石誠之助』の中で記し、妙心寺宗務本所発行のブックレットもそのように評価している。私もそのように受け止めていたが、いっぽうで先述のようにこの時期の峯尾の精神の不安定さを表象しているとも感じていた。そのころまでに彼は社会主義に魅かれはしたが、思想的な積み重ねをしていた形跡がほとんど見当たらなかったからである。彼はしかし自画像のはがきから一年四カ月後に、アナキズムの核心の一つである相互扶助の精神を感得したような小論を発表していたのである。これは、意外な新しい発見だった。

第3章　無から有
——「大逆事件」

峯尾節堂資料館の「啓蒙録」のパネル展示(2017年，筆者撮影)

位牌焼却事件

一九〇九（明治四二）年の新年が明けて間もない一月一二日付の『熊野実業新聞』に「啓蒙録」と題する投稿が掲載されてある。筆者は「客僧　峯尾節堂」である。肩書から節堂が各地の寺院を漂泊していたころ、遅くても泉昌寺の留守居僧になる前だ。節堂には、俳句を別にすると『無我の愛』へのつぶやきのような手紙のほかは自身の思想、宗教上の考え方などを書いた原稿のたぐいはきわめて少ない。その一つが、『熊野実業新聞』の「啓蒙録」だった。その存在は知られていたが、同紙の原紙がなく、和歌山県立図書館所蔵のマイクロフィルムからの複写が現在、峯尾節堂資料館（新宮市千穂）でパネル展示されてある（本章扉写真）。拡大されているがやや読みづらい。このコピーを佐藤春夫記念館館長で熊野の「大逆事件」について、思想、文学、政治、そして社会的な側面など多角的に研究し、読み解き続けている辻本雄一さんが読みやすいようにワープロで起こした稿がある。それを参照しつつ読んだ。

節堂はこの投稿で何を「啓蒙」しようとしていたのか。

「某という匿名でさる住職を誹毀《ひき》した投書が十日のよしあし草に載っていた、そこで僕は此の事実の真相を表白して江湖一般の誤解を啓かねばならぬ位置におることを断っておく、まこと、僕は某のいった如く位牌を焼いた事に干与した人間である、否其の主張者であり又下手人である」

節堂はのっけからこう書き出して同紙に掲載された住職への批判投稿が誤解であり、真相を明らかにする「位置」にあると述べ、続けて位牌の焼却に干与し、実行したのは自分だと名乗る。寺の位牌を僧侶が焼いた、ただならぬ行為である。どこの寺にいたときか分からないが、それを節堂が実行したという。意外だった。覚悟や勇気に乏しく、優柔不断の気のある節堂が変身したかのようだ。彼は焼却の経緯、理由を述べる。

「之れは某自身も先刻承知の通り永らく本堂の裏の静物納屋《せいぶつなや》や廊下《ろうか》の古籠《つづら》に胴の断々《きれぎれ》に絶《ち》ぎれた物や、首天蓋《しゅてんがい》の飛んでしまった化物的の木片じゃないか、形々《ぎょうぎょう》しく大切の霊牌数百枚なんて吹聴してあるから、本堂の祠堂《しどう》から金箔付の立派な位牌を取り出して、さんざ、焼き払ってしまったように見えるが、事実は役に立たぬ、首のとれた木片や胴体を失った位牌の死骸《なきがら》を法に依て荼毘《だび》したまでである」

私は読み進めるうちに節堂が住職をしていた真如寺を訪れた際のほこりにまみれた多くの位牌を思い浮かべていた。位牌をむやみに焼いたのではなく、それなりの理由があったというのだ。とはいえ仮にそうは思っても、実行する住職はいまい。批判されることは承知していただろう彼の思い切った行為は、社会的にはもちろん宗教的な見地からも共感を得るだろうか。

「禅家の家風から云うと、殺人刀、活人剣で或時は棒風喝雷、仏に逢うては仏を殺し、祖師に逢うては祖師を殺す程の三昧を弄することもあるが、此の位牌焼却はそんな禅宗的見識から来た大法門ではない、只唯、掃除の邪魔になる事数百年？　長い々々時間、小僧や客僧共を苦しめた、イレモノフタゲの位牌の化けもの共を、文明的衛生流で、而《しか》も之れでも塔婆を建て香をたき誦経声裡に荼毘《だび》に了したのだ」

なるほど。頭や胴のなくなった古びた位牌を、経を誦《とな》え、香を焚いて焼却したのは仏教的にも理に適っていると主張しているようだ。むしろそのような位牌を祠堂に放置しておくほうが宗教的に考えても不埒《ふらち》なのだろう。節堂がここまで合理的に考えていたとは。彼は幼いころから仏教的なしがらみに縛られてきたはずで、ここまで積極的な行動をするタイプとは思っていなかった。社会主義に魅かれるだけの精神を持っていたからだろうか。それとも寺を転々としていたこの時期の節堂の精神が荒れ気味で、かつ高揚していたからだろうか。それとも双方が重なったのだろうか。

節堂は「啓蒙録」の終わりのほうで、位牌の焼却行為を批判した「某」の古さを逆批判する。「要するに、某君自身が頑迷固陋《がんめいころう》なる旧思想から来た悪感情の暴露が此の位牌に祟《たた》ったまで」だと。位牌の焼却というショッキングな行為をめぐる節堂の主張に、大石が根底に持っていた社会に根深くあった道徳観、「共同幻想」への批判が重なってあるようにさえ感じる。節堂の奥深くにあって誰も気づかなかった社会通念への痛憤のような精神が何かに触発されて噴出したのか。位牌の焼却は、節堂の言動の中では事件と言ってもいいほどの飛び抜けた出来事だった。そこに大石の影を見るのだが、日ならずして私のこの観方を節堂はひっくり返すのである。

見つかった論稿

節堂の書いた原稿はこれまで「啓蒙録」しか見当たらず、他にはないと思っていた。以前、節堂の原稿がないだろうかと新宮市立図書館の「大逆事件」関係の資料収集に貢献した元司書の山崎泰さんに尋ねたところ「たぶんないでしょう」と悲観的だったから。「大逆事件」当時、新宮で発行されていた『熊野実業新聞』と『熊野新報』は原紙がほとんど残っていない。マイクロフィルムで少し残っているだけである。

山崎さんから、節堂が『熊野新報』に書いていた原稿が「見つかりました」と連絡があったのに、二〇一七年一〇月初めだった。新宮高校が所蔵している『熊野新報』のマイクロフィルムを図書館資料として一〇年ほど前にコピーしていたのを探して見ていたら、節堂が寄稿していた原稿が掲載されていたというのだった。

「そのときは執筆者の名が節堂でなく「草聲」を使っていたので、気づかなかったか、見落としたのだと思います」

私は、文芸誌『はまゆふ』第一九号以後、「草聲」の号は完全に消えていたと思っていたが、俳句以外で「草聲」の号を使って再登場していたのである。

節堂の原稿（寄書と書かれてあるから、投稿であろう）は「忘れられた根本義」と題して、一九〇九（明治四二）年六月一二、一五、一八日の三回にわたって掲載されていた。三回分で四〇〇字原稿用紙だと一〇枚近くになり、事件前に彼が書き、発見されている原稿の中では最も長い。筋の通った本格的な小論であった。正直言って驚いた。節堂がこれほど硬派の原稿を書いていたとは思いもよらなかったから。かなりアナキズムの思想に共鳴共感していた原稿だったのにも目を瞠《みは》った。随所に高い知性も感じさせる。マイクロフィルムの文字が潰れていて読めない箇所も少なくないが、貴重な「草聲」の論稿を摘記しながら紹介する。

六月一二日付の第一回の冒頭で草聲(節堂)は、キリストがナザレで言ったと伝えられていた「人はパンのみにて生くる者にあらず」をキーワードとして書き起こす。この詞《ことば》ほど人びとを驚かせたことはない、宗教的自覚をも喚起したという。しかし実際の経済社会では、少数の富豪が富を独占し、それによって富者は益々富み、逆に「多数の貧者は愈々《いよいよ》貧しく」なり、「俚諺《りげん》に反して稼ぐに追い付く貧乏の人」が「社会全域に出現し」たと社会的現実を批判する。それでも今日の文明の進化は、人類という種族が「相互扶助の社会精神を発揮して共同団結」してきたからだと述べ、相互扶助の精神を高く評価する。

人間の歴史は、英雄の伝記の如く見えるけれども、それはあまりに粗雑な観方である。「花やかなる人間の歴史は地味なる人間相互の和楽や耕耘や架橋や開墾や音楽や文芸や教育」などで成り立っているのに、一人の英雄の功名譚を語るから民衆の相互の共同心や博愛心を忘れてしまうのだと主張する。

「忘れられた根本義」の第二回(六月一五日付)では、現在の少数の富者が独占する富は、そもそも大多数の生産者が生産したものである。それなのになぜ生産者が貧窮なのか、それは少数の富者が跳梁跋扈《ちょうりょうばっこ》して略奪するからだと主張する。何やらこの辺りは、内山愚童の小冊子『無政府共産』の冒頭「なぜにおまいは　貧乏する。ワケをしらずば、きかしやうか。天子金もち、大地主」を思い起こさせるが、「草聲」のそれはアジテーションではなく、論理的に自説を展開する。

小論の冒頭で引いたキリストの「人はパンのみにて生くる者にあらず」を再び呼び出し、これは「人類のあらん限り我等の鼓膜に響く」時代を超えた詞だが、待てよと読者を立ち止まらせる。キリストの詞は「全人類が少なくとも余りに空腹を感ぜざるの時に於いてこそ有用」であって、現在はどうなのかと問う。実は大多数が衣食住に苦しんでおり、それは少数の富者が富を独占できるように作られた現状の社会制度がもたらしているのだと述べ、万人はパンのほかに何かを求める余裕はないのだと、当時の社会経済状況を抉る。「草聲」の筆鋒は富者を構成する紳士閥に向かう。やや大上段に振りかぶって、人類が誇れる「相互扶助の根本義を忘却し、パンを争奪し合って得々たるに至っては実に沙汰の限りと言わざるを得ず」と断じて、三回目につなぐ。

六月一八日付の第三回目の論旨は、初めて自由平等博愛の精神とパン問題を結び付けて「人間の真の平和自由平等は、一つに相互扶助の共産制度の下に作られたるパンの豊饒なる晩餐を喫して、而して後に出現するものなる」と結論づける。主題の「忘れられた根本義」は、「パン問題に逢着する」で締めくくられる。つまり相互扶助の精神を忘れたことこそが根本なのだというのだった。

節堂の小論の主張は、秋水が初めて一九〇八年末に秘密出版で邦訳したアナキズムの旗手、クロポトキンの『麵麭《パン》の略取』の影響を受けたように読める。たしかに自画像を描いた平四郎宛のはがきに、クロポトキンの本を読んでみたいと記しており（第2章七一ページ）、強い関心があったのは間違いないが、この小論を書く時点で秋水の秘密出版の邦訳を読んでいたとは考えられない。そして〇八年夏に新宮に来た秋水と大石から聞いた話を取り込んで書いたのではないか。そして『熊野新報』への執筆は大石が紹介したのではないかとも、私は推測している。

それでは節堂が社会主義をそそくさと「卒業」して無政府共産主義に向かったのだろうか。ここまで書き切った峯尾節堂は何処へ行くのか。

大石と節堂

節堂が社会主義に近づくようになったのは、新聞雑誌縦覧所で関係の出版物を読み、徳美から雑誌や書籍を借り、大石の自宅に出入りし始めてからで、それは一九〇七(明治四〇)年の初めごろからである。後に囚われの身になり、予審判事に問われて「四十年一月頃」と語っているが、節堂がどこまで自覚的に社会主義者だったかは分からない。「余が社会主義」を書いた髙木にしても社会主義者というより親鸞の教えに則した真宗者としたほうが適うのだから。

内務省は自由民権期のころから国家に対して批判的な考えを抱いている人物の動向については、その人の内面を知ることも含めて監視をしていたが、明治の末年での和歌山県の「社会主義者人名」には大石、成石、﨑久保、西村伊作、田辺の『牟婁新報』の編集長の毛利清雅《せいが》(柴庵)ら一一人を上げ、「社会主義者嫌疑者」として、髙木顕明、沖野岩三郎・ハル夫妻(ハルは、沖野と大石が創刊した雑誌『サンセット』発行人になっていたからだろう)、峯尾慶吉(節堂実弟)、小学校教員の玉置《たまき》真吉《しんきち》ら二五人を列挙していた。節堂の弟の名はあっても兄は記されていない。単純なミスではなく、官憲にとって節堂は目立たず、行動的な弟よりも影は薄かったのだろう。

節堂は大石のほかに優れた社会主義者と交流していただろうか。一九〇八年六月、当時の社会主義者としては一流で、弾圧で休刊に追い込まれた『大阪平民新聞』(後『日本平民新聞』)の発行者の森近運平が来新し大石宅に一〇日間ほど滞在している。この時には髙木顕明の浄泉寺で「談話会」を兼ねて囲む会が開かれ、節堂も参加しているが、一回しか会っておらず森近から影響を受けるところまでの交わりはない。もちろんわずか一回でも、その人にとっては人生を左右するような決定的な出会いもあるのだが。節堂にはその形跡は見当らない。

森近の二カ月ほど後に秋水が来新した。郷里・中村で病気静養するいっぽう、クロポトキンの『麺麭の略取』の翻訳にかかっていた秋水が、六月に東京・神田で起きた社会主義者、アナキストらへの官憲による大弾圧である「赤旗事件」で、同志に呼ばれて東京へ向かう途次、新宮に立ち寄り、大石宅に約二週間ほど滞在したのである。七月二五日から八月八日までの二週間ほどである。その間にやはり浄泉寺で秋水を囲む「談話会」が開かれ、三〇人ほどが参加した。大石の他には成石平四郎、崎久保誓一らも参加し、節堂も加わった。秋水に会うのは、東京で会って以来二度目だったが、思想家、哲学者、ジャーナリスト、詩人など多彩な顔を持つ大知識人の秋水の話を初めて聞いて節堂は、心に熱いものが滾《たぎ》るほど感動した。

秋水は浄泉寺での談話会では、一九〇三(明治三六)年以来続いていた社会主義者の思想や表現の自由への弾圧が政治権力によって際限なく強化されている実態を語った。「赤旗事件」はその弾圧が最高潮に達した事件で、何とかしなければという思いも熱く訴えただろう。それに心揺さぶられた節堂が、今は社会主義者にとって「冬の時代」なのだと認識し、心を昂《たかぶ》らせたに違いない。かといって秋水に感化されるほどの影響を受けたとは思えないが、この席で秋水が翻訳中の『麺麭の略取』について語ったかもしれない。

大石との交流はどうだろうか。徳美に紹介されて大石に会った一九〇七年三月以降、節堂が大石とどれほど交わったのか、たしかにその中身を伝えるものは少ない。薄い交わりだったのだろうか。

節堂は背が高く、ガラガラ声であった。沖野は『生を賭して』の「M、Sと私との関係」でそう書いている。

節堂の写真は一枚しか発見されていない。よく知られたその写真から私は節堂のイメージを痩身、中背、色白で、神経質、華奢《きゃしゃ》……。そんなふうに描いていた。

この写真は六人の集合写真で、『大逆事件アルバム』など事件の関係書に収録されてきたが、現物は、現在では新宮市立図書館にあるだけだという。* 前後に三人ずつ並び、前の三人は椅子に腰掛け、後ろの三人は立っている。全員が羽織を纏った正装スタイルでカメラ目線、何かの記念に町内に三カ所あった写真スタジオのどこかで撮ったと思われる。

前列左から大石誠之助，峯尾節堂，玉置真吉．後列左から﨑久保誓一，髙木顕明，新村忠雄．このうち玉置だけが連座を免れた（1909 年 4 月ごろ．新宮市立図書館提供）

節堂はドクトル大石誠之助と、後に社交ダンスを広めた第一人者と言われ、当時小学校教員だった玉置真吉の間に挟まれて前列の真ん中に、ほんの少し顎をしゃくったようで昂然とした感じで座っている。なでてみたいほどつるりと剃り上げた頭、丸顔ではないが、面長とはいいがたい。優しい目が眼鏡の奥でずっと先を見つめているよう。世の声を一言も聞き漏らすまいというように耳が大きく前方に開いている。鼻筋の通ったキリっとした端正で涼し気な顔立ちがひときわ目を惹く。

後ろの三人は新聞記者の﨑久保誓一、真宗大谷派浄泉寺住職の髙木顕明、信州の新村《にいむら》忠雄である。彼は、秋水が大石誠之助に預かってくれと頼み、一九〇九(明治四二)年四月一日から大石医院の薬局生として八月二〇日まで滞在していた。撮影日時は特定できないが、新村の新宮滞在時期と服装から考えれば、四月のかなり早い時期、それも新村が来新してすぐではないか。私はそう推測している。この年、節堂は二四歳になった。和歌山、三重両県の寺院をアルバイトのように転々とした後の泉昌寺の留守居僧のころだろう。

姿形だけでなく、節堂の声についても沖野の他は誰も書き遺してはいない。写真からはむろん声は聞こえてこないのだが、これも想像を逞《たくま》しゅうすれば透き通ったソフトな感じと、私は思い込んでいた。現実に三年ほどつき合いのあった沖野はしかし、小説とはいえ節堂和尚は「ガラガラ声」だったと、後世の私の想像をあっさり否定する。そうかと写真を見直せば、彼だけが首にスカーフのような布を巻きつけているのに気づく。タートルネックの肌着のようにも見えたが、彼の生きた二〇世紀初頭の熊野・新宮でそんなファッションが流行っていたとは思えない。一緒に写っている五人の首回りは何もなくすっきりしている。

沖野はその小説で、「ガラガラ声」の前に節堂には咽喉部に大きな瘤《こぶ》があるという説明を置き、それが声の質と関係していたように書いている。瘤は子どものころからあったが、食生活や健康上は何の不都合もなかった。若者にはそれが恰好悪いと思えた。そのせいで首が隠れるような服装をしていたのだろう。写真から半年ほど後の一〇月、節堂は京都で手術を受ける。病名は喉頭部腺腫だった。術後に「ガラガラ声」は変わっただろうか。

この記念写真には日ごろから大石とつき合いの濃かった成石平四郎や沖野が入っていないのはどうしてだろう。和歌山県立師範学校出の玉置は大石宅に出入りし、顕明や節堂とも親しかったが、沖野や平四郎に比べればどうだろうか。このころ泉昌寺の留守居僧になっていた節堂は、しょっちゅう新宮へ来て大石のところに出入りをしていた。たまたま居合わせたのかもしれないが、それにしては服装からすると突然の撮影ではなく、事前に予定していたにちがいない。そうすると、新村は当然としても他の四人は大石が選んだのだろう。

節堂が前列の中央にいる。この写真の主人公は遠くから来新した新村であるのに、節堂が中心に座っている。撮影時に大石が差配したのかもしれないと考えると、大石が節堂に目をかけていたのではないかと想ってしまう。そんな想像をふくらませていくと、節堂が僧侶を止めて新聞記者を希望しての東京行きにも思いとどまらせずに、紹介状まで持たせて送り出していることも、節堂の成長に期待をかけていたからではないか。また喉の手術で京都帝大医科大学付属病院が良いと教えたのは大石であった。同志社で学び、京都に少なくない知人のいたドクトル大石の勧めだった。節堂は手術の費用七〇円を大石に頼んだが断られたと、髙木は事件の調書の中で語っているが、節堂が他から工面できたとは思えない。結局、大石が手を差し伸べたのではないか。これも想像の域を越えないのだが。

節堂は京都に着くとすぐ大石にはがきを書いている。消印は「42・10・3」(一九〇九年一〇月三日)である。

「あすタンコブを診てもらうつもりです。多分入院することになるでしょう。古本や〔屋〕を見物すると本が欲しくてたまらなくなるのには閉口します」

節堂は本好きの悩みを訴えている。礼状ではないが、文面からは大石への節堂の敬愛の念がそこはかとなく伝わってくる。節堂はこの年八月に「社会主義を止める」と大石に伝えていると、事件の予審判事らにくり返し強調しているが、大石とのつながりはずっと続いていた。

大石が節堂を気にかけ、その成長に期待し、心配し、節堂もドクトル大石を頼りにし、尊敬の念を抱き続けていた――それほど根拠のある推測ではないのだが、さらに私の想像をふくらませたのが、六人の集合写真より前、「大逆事件」のでっち上げの核心の一つにされた一九〇九(明治四二)年一月末の新年会である。

新年会のナゾ

一九〇九年一月末のある日(二八日という説もある)の夜、大石宅の裏座敷の二階で新年の茶話会が開かれた。出席者は大石、高木、成石平四郎、崎久保誓一、それに節堂の五人である。大石がそれぞれにはがきを出し、そこには「めでたからざる会」(浜畑『大石誠之助小伝』)とあったという。ここにも大石一流の飄逸《ひょういつ》さが表れているが、結果的には当局によって真に「めでたからざる会」にされてしまう。大石はなぜこの五人を招いたのか。浜畑榮造は他にも社会主義者とは関係ないような五、六人も招待したと記しているが、森長はそれを否定している(『祿亭大石誠之助』)。というのはこの新年会は、大石が一九〇八年一一月に東京で、秋水や当時東京に住んでいた森近らから聞いた社会主義への弾圧に対するぼやきも含めた報告が目的で、社会主義にさして関心のない人はお呼びではなかったからである。ここにもしかし沖野が呼ばれていない。そこから沖野による「消された伝説」が生まれた。沖野が『文藝春秋』(一九五〇年二月号)の「「大逆事件前後」――生きている「日本思想史」座談会」で秘話として披露した話である。

「(前略)大石たちが新年宴会をやったんです。何日に宴会をやるというので、出席者を決めて回状を作って、成石平四郎という男が大石に見せた。見てゆくと私の名が書いてある。これは当然なことで、私は集会の時は必ず招かなきゃならん人物だった。ところが、私は酒を飲まん。大石さんは同志社にいてアメリカへ行った人だから、そういう点によく気がつく」

ここから後の沖野の話は、そのときに居合わせているか、直後に聞かなければ知りえない「実話」として展開する。リアリティがあり、かつドラマチックである。以下は、沖野が語る大石と成石のやりとりである。


「成石君、今晩の会は酒を飲むんだろう」

「勿論です。新年だから大いに飲みます」

「それじゃ沖野は飲まないんだから可哀想だ。除けとき給え」

「しかし回状にもう書きましたから」

「それは消せばいい」

「そうですか。あれが来なければ話が面白くないんだが」

と言いながら、成石が筆をとって僕の名前に棒を引いた。シュッと消した。

沖野は棒を引いて自分の名を消したシーンを再現するように語って、「消すのに一秒か二秒のことでしょう。しかし、それが今日僕がこうして生きていて喋れる所以だよ」。

こうして沖野の代わりに成石の兄・勘三郎が出席することになったと沖野は語っている。この座談会の司会は大宅壮一で、石川三四郎（元キリスト教社会主義者）と型破りの弁護士山崎今朝弥《けさや》が出席していた。「大逆事件」の大きな舞台にされた熊野の同時代を、大石らと同じ現場で生きてきた沖野の話を練達の出席者の誰もが、事実は小説より奇なりと呻《うめ》いたのではないか。敗戦から五年、「大逆事件」の熊野の被害者の生存者は﨑久保誓一だけだった。

私は沖野の語りを読んで、こんなエピソードを話せるのは事件をテーマにした最初の小説『宿命』（大阪朝日新聞社懸賞小説第二席、当時の大阪朝日の意向でかなり改竄《かいざん》されたが）を書いた沖野だからこそと信じ、拙著の『大逆事件　死と生の群像』の中でも紹介した。ところが実は、この新年会には、もともと酒はなかった。食事だけだった。何より﨑久保も高木も酒を飲まなかったのである。成石平四郎の兄の勘三郎が出席していた確証もない。このことを知ったのは、本書の取材の中だった。それでは沖野の話をすべて作話と決めつけていいのだろうか。実際、彼は新年会に出席しなかったのだから。酒を飲む／飲まないが理由でなかったことは確かなのだが、最初から彼は招かれなかったのか、別の理由で外されたのか。これは謎である。

いっぽうで節堂が東京の事情を語る貴重な新年会に呼ばれたのはなぜだろう。事実と事実の間をつなぐ、あるいは埋めるとすれば、ここでも私は大石の節堂への期待、もしかしたら買被《かいかぶ》りがあったのではないかと思う。節堂もそうした席へ、日ごろから「大石先生」と敬していたドクトルに招かれたことを誇らしくさえ思った。ともあれ、この新年会が「大逆事件」の熊野の六人の人生をひっくり返してしまったことだけは紛うかたなき事実である。すでにこのころには、たとえば浄泉寺の「談話会」などには官憲が入り込むなど、熊野の地にも弾圧の気配が感じられるようになっていた。

「めでたからざる会」の翌二月、節堂は新宮から約一二キロ離れた阪松原の草庵・泉昌寺の留守居僧になる。彼の本好き、知識欲は変わらず、草庵から丸善へ本の注文をすることもあった。四歳下で当時二〇歳の弟の慶吉はしばしば兄の寺を訪れ、滞在することが何度かあったようだ。あるとき兄がドクトルから借りていた本を「大石先生のところへ返しに行ってくれ」と弟に頼んだ。船町の大石宅まで本を返しにいくと、ドクトルは慶吉に言った。

「帰ったらお兄さんに、あまり社会主義の本を読まんようにしなさい。警察からいじめられるとわるいから、そういって下さいよ」

慶吉には忘れがたきことばとなった。このときの大石の「温容春の如き」表情とともに。一九五八(昭和三三)年三月に慶吉が『紀南新聞』に書いていた連載エッセイ「なつかし記」で明かしている話である。大石は弟のように歳の離れた節堂の将来を案じていたのだろうか。しかし事件にからめとられてしまってからは、節堂の言動は大石の思い遣りを裏切るのである。

家宅捜索と節堂の挙措

梅雨の重い空がどんよりと覆う熊野・新宮は早朝から、空気が氷のように固まった。

一九一〇(明治四三)年六月三日午前八時、新宮町一四三番地の大石誠之助宅が制服、私服十数人の新宮警察署警察官に踏み込まれ、東京地裁の高野兵太郎検事と田辺区裁判所の田村四郎作検事立ち会いと指揮で家宅捜索された。捜索の調書には「宮下太吉外六名刑法第七十三条ノ罪ノ被告事件」の関連とあった。大石は、刑法第七三条――天皇、太皇太后、皇太后、皇后、皇太子又ハ皇太孫ニ対シ危害ヲ加ヘ又ハ加ヘントシタル者ハ死刑ニ処ス――違反の容疑を受けたのである。「大逆事件」である。調書にあるように「宮下太吉外六名……」が発端であることは分かり、それが熊野に飛び火したのだ。

大石宅での約一時間の捜索で彼の論文、書簡、はがき、写真など四〇点ほどが押収され、誠之助は新宮警察署に拘引された。

続いて午前九時一〇分から浄泉寺の高木顕明宅が同じ理由で捜索され、約一時間の捜索によって「余が社会主義」など十数点が押収された。大石との関係で沖野岩三郎宅が、西村伊作宅が、また新宮町から遠く離れた熊野川の上流の請川村の成石平四郎宅が同じ容疑で捜索を受け、平四郎も拘引された。この日一日だけで家宅捜索は全部で九件に上った。

六月三日の家宅捜索は西牟婁郡田辺町(現・田辺市)でも行われ、牟婁新報社社長兼編集長の毛利柴庵宅なども捜索を受けた。口熊野《くちくまの》といわれた田辺から南の熊野一帯での「大逆事件」に関わる家宅捜索は一カ月を超えて続き、全部で四〇件に上った。熊野の「大逆事件」の大嵐の始まりだったが、それは影響も含めて一〇〇年以上、細かく追っていけば終わりがないように現在も続いている。

大石は六月三日の聴取では「大逆事件」との関連を裏付ける証拠がなく、その日は帰された。しかし一日置いて五日夜、東京の捜査当局の強引な方針で、証拠がないまま再び拘引され起訴されて東京へ送られた。ドクトル大石が再び熊野の地を踏むことはなかった。

節堂はどうだったか。六月三日、節堂が留守居僧をしていた泉昌寺は捜索されていない。彼は捜査対象にも入っていなかった。『大逆事件訴訟記録・証拠物写』(以下、「証拠物写」)には、奇妙な家宅捜索の調書がある。新宮警察署員らが西村伊作宅を捜索し、「証拠となるべき物件一点も発見せず」と記録した後、午前一一時前から臨済宗妙心寺派の清閑院へ行き、家宅捜索している。調書には「清閑院内﨑久保誓一の住居に臨検し同人年齢二六歳の立会に依り同家宅を捜索する」と記載されている。﨑久保は三重県南牟婁郡市木村の在だが、清閑院に仮寓していたので捜索の対象になったようだ。「当時のお寺には、さまざまな人が出入りし、仮寓などはふつうにあったと思いますから、不思議ではありません」。清蔵寺住職の白井和尚の説明を聞いて納得はしたが、調書の次の一文を読んで混乱してしまった。

「同家宅内捜索中同院住職峰尾節なる者端書一通を提出せり依って之を証拠として押収せり」

裁判官書記の記録だが、名前の誤記はともかく節堂が清閑院の住職になっている。節堂は泉昌寺の留守居僧のはずで、たまたま清閑院に来ていたのだろうか。僧衣をまとっていたから捜索した警察署員が勘違いしたのか。彼は第1章で見たように清閑院で四月に龍神ノブヱと結婚式を挙げている。妻が清閑院に近い母の住む口山町の自宅にいたなら同寺院と行き来は容易いとも思ったが委細は分からない。不可解なのは、はがきを証拠品として差し出した行為である。「証拠物写」を見ると、一九一〇年三月七日付で﨑久保が清閑院内の節堂宛に出したはがきである。結婚直前の節堂は清閑院に居たのである。文面はこうである。

「十五円はたしかに落掌せり、新宮は面白きにや、〔中略〕祿翁に逢いし后〔後〕五点、醒庵の「サンセット」面白しと見た、併し五百も売れまい。髙木和尚相変わらず元気なりや、会ったらよろしく〔後略〕」（五点は、沖野の号。「サンセット」は沖野と大石が発行していた新聞）

交流範囲の人びとの消息を報せているだけのありふれた内容だが、個人名が号も含めれば四人を数え、捜査当局にとっては狭い範囲でも人間関係が透けて見える。節堂は予想もしない多数の警察署員に突然踏み込まれ、恐怖で狼狽《ろうばい》、動顚してしまったのか。一〇〇年前でも現在でも、警察や司法権力がわが身の前に現れれば、平常心で落ち着いて対応できる人がどれほどいるだろう。それが予期しない訪れであれば、なおさらである。節堂の尋常ならざる対応に、仲原清──ほんの一時期でも節堂は叔父だった──も「節堂の真意ははたしてどこにあったのだろうか。この顚末には、われわれを立ち竦《すく》ませるものがありはしないか。まことに異様である」「人名列記のこうした節堂の思惑と作為は、われわれの平常では到底理解することはできない」（「峰尾節堂覚え書　七」『熊野商工新聞』一九六九年一一月二五日）と困惑している。仲原のほうが節堂の挙措に動顚してしまったかのようである。調書に記載されたわずか一行に、人間の脆弱《ぜいじゃく》さ、とくに権力を前にしたときの人の弱さ、保身のための「転向」の露出、あるいは荷担、それを見透かすような権力に恐怖する。節堂の「大逆事件」を逐《お》っていくなかで私は、何度かこの問題をつきつけられることになる。事件はすでに五月二五日に幕が上がっていた。本書の主題からずれない範囲で事件の発端から熊野へ、節堂へつながっていく経緯を簡単に追う。

家宅捜索調書の冒頭に書かれている宮下太吉(長野県・明科《あかしな》の国営製材所の機械据付工)が爆発物を作っていたという事件は警察の密偵情報によって一九一〇年五月二五日に、彼が長野県警察に拘引されたのが発端である。宮下はかつて渥美半島の愛知県・亀崎の工場労働者時代から天皇制への強い疑問を持っていたが、周囲は全く関心がないことにいら立ち、一気に爆弾製造へと走った。しかし実際それを使うために予備、陰謀、計画していたのかを具体的に立証できる物的証拠はきわめて不透明であった。薬品は見つかったが、爆裂弾の現物も見つからなかった。

宮下の供述から長野県・屋代町(現・千曲市)の新村忠雄、新村善兵衛兄弟、古河力作、宮下の同僚の新田融《ゆう》、また幸徳秋水と一緒に発刊した『自由思想』の発禁処分で東京監獄に入獄していた管野須賀子が、爆発物取締罰則違反の容疑で次つぎと起訴されていく。捜査の中で須賀子の夫の秋水が浮び上がり、「幸徳伝次郎が此の事件に関係ないはずはない」(思想係検事会同での小山《こやま》松吉検事の述懐)と、予断と推論で彼を事件の「巨魁《きょかい》」に仕立て、五月三一日には爆発物取締罰則違反が刑法第七三条違反の大逆罪に切り替えられた。秋水は同日起訴され、六月一日に湯河原で捕縛された(ここまでが「明科事件」)。

社会主義は天皇制国家を破壊する社会破壊主義だと考えていた元老・山縣有朋は、この事件を社会主義根絶の絶好の機会だと捉えた。山縣の意を汲んだ首相・桂太郎が中心になり、捜査は司法省民刑局長兼大審院次席検事の平沼騏一郎が主導した。こうして明治国家は、社会主義思想を根絶やしにするために秋水ら自由・平等・博愛を求めた人びとを、天皇暗殺を企てたとフレームアップし、「大逆事件」という世紀の国家的事件を作った。

「明科事件」で起訴された秋水との関係で、捜査は新宮の大石誠之助に伸び、そのつながりで顕明や節堂や成石らが検挙され、彼らを訊問する過程で「一一月謀議」という「大逆事件」の核心になるもう一つの事件が作られていった。

現場の具体的な捜査・取調べは、思想畑に強い神戸地裁検事正だった小山松吉を東京に呼んで検事主導で進められ、証拠物が何一つないのに、疑わしいというだけでどんどん検挙していった。捕まえてから、強圧的な訊問で、天皇暗殺を共謀したという物語に適うような供述をさせて「大逆事件物語」を作っていった。「一一月謀議」は、大阪、神戸、熊本にまで飛び火し、最終的には二六人が起訴され、大審院特別法廷の裁判に付された。

この事件の一つの特徴は、社会主義を信奉している、あるいはシンパ、また社会主義に近づき、関心を持ったなどというだけで、さらには「友だちの友だち」はあやしいという理由で「大逆」謀叛人にされた点である。そうして多くの人たちが家宅捜索、拘束、証人訊問、検挙、果ては殺されてしまった。被害者の実数は不明だが、山泉進明治大学教授は起訴された二六人の数十倍に上ると指摘している（筆者との対談「大逆事件１００年――私たちは何を克服してきたか」『世界』二〇一一年三月号）。これが思想の自由、表現の自由を殺してしまった「冬の時代」の実相であり、治安維持法の時代をつくり、戦争へと突き進む社会的土壌を用意し、支えていった。

再び熊野にもどらねばならない。当局によって「一一月謀議」から「大逆事件」の核心をでっち上げた物語が峯尾節堂を含む熊野・新宮の六人とその家族、縁ありし人びとの生と死をひっくり返してしまったのだから。

一一月謀議

秋水や大石、それに森近らを中心にして暴力革命を共同謀議したという「一一月謀議」が、当局の作ったウソであったことは、すでに神崎清や森長英三郎らの丹念な研究調査の積み重ねで明らかになっている。ここでは節堂ら熊野の被害者がなぜ架空の「謀議」の共謀者にされたのかという文脈で一九〇八年一一月から翌年一月の「めでたからざる会」に触れる。

大石は若いころから境界を軽々と超えた旅好きであった。二三歳の若さで渡米し、医師免許まで取得し、カナダで開業し、帰国して新宮で開業してもわずか二年そこそこで今度はシンガポール、インドへ行き、二年後に帰国して大石医院を再開するが、秋になると毎年のように国内を旅している。陸の孤島のような隔絶された地にいるだけでは思考の世界が狭くなるという思いがあったからだ。大石が、結核を患っていた秋水の病状の診察を主な目的として久しぶりに東京へ行ったのは一九〇八年一一月一〇日ごろで、情歌仲間の旧い友に会い、公判中の「赤旗事件」の傍聴などをして二週間ほど滞在した。当時、巣鴨にあった平民社の秋水に顔見世で立ち寄ったのは一五日か、その翌日だが、本格的な診察は一九日だった。秋水の結核は、腸結核のようだったが、養生すれば心配することはないと診断した。この日の夜に、秋水は「赤旗事件」以来の弾圧の状況をつぶさに大石に語った。憤激をまじえて。

堺利彦ら秋水の同志は「赤旗事件」でごっそり捕まり、残った同志が懸命に新聞を作ってもすぐに廃刊に追い込まれた。就職先にも圧力が加えられ退職に追い込まれた。怖がって秋水の原稿を掲載するところはなく、翻訳しても出版も出来ない。無収入で蔵書を売らねば生きていけない悲惨な状態であった。手も足も出ない状況だったのに、秋水宅は四六時中警察官に見張られていた。がんじがらめの窮状を秋水は遠くから来た同志、大石にぶちまけ、さまざまなことばで語った。大石だけでなく残っていた数少ない同志にもぼやきを超えた話をし、何とかしたいと訴えた。この時期、秋水のぼやきを超えた憤怒を聞いた同志は誰もが相槌を打った。パリコミューンの話も出た、政府や官庁を焼打ちしたいとか、革命が出来ればなどという夢のような話が出るのは何の不思議もなかった。

しかし、資金もなく、同志もなく、具体的に何かが出来るわけではなかった。秋水もそれを十分知っているからこそ憤激話は絵空事のように大きくならざるを得ない。聞かされた大石は気持ちが分かるだけに、うん、うんとうなずき、そうだよねと応答し、あるいは黙ったまま共鳴する――大石が聞いた話を当時、秋水方に同居していた森近も聞いていた。秋水の書生をしていた坂本清馬も聞いた。たまたま別件で東京に来ていて、秋水を訪ねた熊本の松尾卯一太(一八七九年生まれ、「大逆事件」で刑死)も聞かされ、それぞれが熱く共感するのだった。「相槌を打つことをもって謀議とすることは出来ない」とは法律実務家の森長のことばである。当局の「一一月謀議」とは、逮捕した彼らを個別に問い詰めて供述させた片言隻句の断片を「幸徳の憤慨談」「夢物語」「空想談」に、都合よく結びつけて共同謀議の「物語」に仕立てたのだった。法的にはぼやきや夢物語は謀議の対象に出来ないのに、いわばその禁じ手を使って無から有を生じさせたのが「大逆事件」であった。

大石が京都、大阪、田辺を経て帰新したのは一二月初旬だった。これらの経由地で大石から東京の状況や秋水の思いを聞かされた人びとも、それだけで家宅捜索、拘引、検挙、起訴されているがここでは省く。節堂らが招かれた一九〇九年一月下旬の新年会で大石は東京の土産話、つまり秋水が置かれているきわめて厳しい状況、社会主義運動の行き詰まりの報告を話したのである。計画があったわけではないから、具体的な提案は何もなく、秋水の憤激話、ぼやきを座談として語っただけであった。ところが、この新年会に出席した全員が「一一月謀議」の大きな網に搦《から》め取られたのである。

証人・節堂の語り

沖野の「M、Sと私との関係」の中で節堂が取調べを受けて、東京まで行ってきたという話が描かれてある。

〔明治〕四三年の六月中頃、私の宅へ彼は突然入って来た。彼は頭を丸めて墨染の法衣を纏って居た。

「沖野さん、私も東京まで行って来ましたよ。地方裁判所で極簡単に取調べを受けました。検事の質問中に、あなたの事をも尋ねて居ました。私は自分が最早無神論者でない事と、あなたが一神論者で虚無主義になり得ない事を言って置きました。まあまあ事件が案外手軽に済んで、旅費まで貰って其所《そこ》らを見物して帰りましたよ。私も一時はいろいろ迷いました、今は斯うして法衣を纏って禅宗の寺には居りますが、私の将来はどうしても矢張り人格的の神を拝する宗教にならねば満足出来ません」

と語って、黒衣の下の白襟を正した其手付が今にありありと見える。然るに彼は其後再びT監獄に送られ〔後略〕

家宅捜索の嵐が吹き荒れている中で、まだ検挙も起訴もされていなかった六月に節堂が「大逆事件」関係で東京地裁に呼ばれて訊問を受けていたのだろうか。「大逆事件」関係の訊問調書、検事聴取書、予審調書などが収められている厖大な「証拠物写」は、「大逆事件の真実をあきらかにする会」の努力で謄写されてあるが、いくつかの事情で全部はそろっていない。現在見ることのできる「証拠物写」の中で節堂についての記録を見た限りでは、六月半ばごろに東京地裁での訊問記録は見つけられなかった。沖野は小説の中で、東京行について節堂に「私も」と言わせている。そこで髙木顕明について調べてみると、彼は六月三日に家宅捜索をされた後、成石平四郎が魚獲用で購入したダイナマイト所持を問われた事件の証人として身柄を東京地裁に送られ、六月二八日に出廷していた。その後顕明は、いったん新宮に帰されている。沖野は顕明の東京行を知っていた。節堂も知っていたのだ。節堂の検事聴取書を繰っていくと、七月六日の検事聴取の一番最後のところで「先般東京の予審にて申しました云々」とあった。してみると、沖野の小説にあるように節堂はたしかに東京地裁の予審廷で訊問されていたのだ。検挙も起訴もされていない六月の段階で節堂も狙われていたのである。しかし節堂らは大石のようにいきなり「大逆事件」ではなかった。

平四郎宅の家宅捜索で奥の間の押し入れの簞笥《たんす》の引き出しからダイナマイト四個と導火線が見つかり、当局は「明科事件」との関連を視野に入れ、爆発物取締罰則違反容疑で改めて六月二八日午後、平四郎を新宮で拘引した。平四郎のダイナマイトは前述のように魚獲りのために近くの炭鉱の抗夫から前年三月に買い、置いていたのだった。ダイナマイトの入手や使用目的などを追及するため当局は平四郎の交友関係の七人の家を捜索した。次いで彼の友人の証言をきっかけに新たに新宮、田辺、請川などで十数人が田辺区裁判所などに召喚され、証言を求められた。この中に﨑久保、顕明、節堂、平四郎の兄勘三郎が含まれ、それぞれ被告人のような厳しい証言を求められている。

節堂は七月六日、和歌山地裁田辺支部で平四郎の爆発物取締罰則違反事件の証人として東京地裁予審判事の浅見峰次郎に訊問された。「証拠物写」に収録されてある訊問調書を読むと、一問一答のスタイルで五五問に上っており、相当に長時間に及んだきつい訊問だったことをうかがわせる。録音テープがあった時代ではなく、速記かメモに基づいて書記がやりとりを書きことばで記録しているので、ぎこちなく違和感がある。作文とは言わないまでも、予審判事がある一点に持っていこうという意図が見えて作為を感じないわけにはいかないが、「調書」を読んでいく。

浅見予審判事の訊問は節堂の名前、年齢、職業、住所、生い立ち、学歴などを簡単に訊いた後、僧侶になってから泉昌寺の留守居僧になるまでの略歴を訊ねた。その後すぐに社会主義者かどうかを確認し、そうなった動機を訊ねている。節堂は大石の影響で社会主義者になったが、「昨年〔一九〇九年〕八月中頃」に「主義を捨てました」と答えている。続いて浅見は、大石が社会主義をどのように実現していこうと考えていたか、暴力革命を志向していたならその経緯を述べよと迫る。

「明治四十一〔一九〇八〕年中と思います。東京にて赤旗事件ありしとき、大石は私に対し政府の迫害厳しく到底演説や新聞雑誌で主義を貫徹することは出来ぬから、暴力を以て革命をせねばならぬと言い始めました」

節堂は大石が簡単に暴力革命を志向するようになったと答えているが、大石がそれを肯定し志向するようになったという節堂の証言そのものが薄弱だった。思慮深い大石はそれほど単純ではなかった。節堂にこのように供述させているのは、明らかに予審判事の筋書きであり、そこへの誘導が介在し、節堂は気づかずに物語を構成する役回りを担わされた。節堂の答えは、切れ目なく続く。

「その頃同主義者の成石平四郎、高木顕明には時どき大石方で面談し、﨑久保にもたまには面会致しました。この成石、高木、﨑久保も其の頃暴力を以て主義を貫徹する時機であると申して居りました」

元気が良く、ことばは過激で行動的だった平四郎も、暴力革命を肯定し、それを実行するために計画や準備をしてはいない。顕明は全身「絶対平和主義者」であった。﨑久保も節堂と同じように社会主義者だったかどうか。予審判事の問いへの節堂の答えはまだ続く。

「同年〔一九〇八年〕七月頃、幸徳が土佐より来たとて大石方へ一〇日程滞在し居り、私は以前東京にて面会しおるのみならず、同主義者のこととて二回面会しました。その一度面会のとき、大石方へ訪ね行きたるに成石及び石橋落笛、髙木の三人が居合わせ、大石もおり話を致しました。その時幸徳は、主義の目的を達するには矢張り暴力を以てせねばならぬとの話でした。幸徳は主として大石にはなし、大石は幸徳の言に和し、実に暴力革命の時機であると言って居りました。列席の一同も皆賛成しておりました。二度目は髙木の居る浄泉寺にて幸徳が談話会の話を為すとて参り面会しましたので、その時幸徳の談話の要領は露西亜《ロシア》の革命者は位階勲位までなげうち革命の衝に当たっている。革命は社会の経済状態と伴うものにて、今日本は貧富の懸隔甚だしくなり、この儘《まま》社会が維持せらるるものにあらずと云う主意にて無政府共産主義が日本の状態に於いて適当なりとの話をした。然るに同人は尤も悲壮の言語態度にて話したることとて、私も其の他同主義者一同は大いに熱度を騰《たか》めました」

幸徳の熱弁に節堂が心震わせたのは前に触れたとおりだが、「調書」に節堂の伝聞として記されている秋水は無政府共産主義が日本の現状に適していると短絡的に言ったのではなく、新聞や雑誌がどんどん廃刊に追い込まれ、表現活動への過酷な弾圧の現状を変えていかなくてはならない、そのためにはこれまでのような闘い方は限界に来ているという認識を熱く語ったのである。短絡的に暴力革命に突っ走っていく方向性を示したわけではなかった。

節堂の「証言」は、当局の描いた核心へと向かう。

「同年〔一九〇八年〕秋大石が上京、幸徳等と話をして来たとのことで、私が大石を訪問しましたら、十日程前に帰ったとのことでした。それより三日過ぎ大石からはがきが参りました。その文面は、面白きことがあるから来たる何日に遊びに来たれ、とのことでした。よってその日付の日の午後七時頃大石方へ参りしに、大石一人居り、裏二階にて暫時話をしておりましたら、成石、﨑久保両人は、峰尾も来たかと申しつつその席へ参りました。話の具合では両人は私より前に大石方へ来たりしも、私らが来ぬため何処かへ遊びに行ったものらしくありました。次に髙木が参りました。このようこ一席に都合よく集まったことはありませんから大石が私へ手紙を寄越したと同様に招いたものと思われました。その時大石は東京に行き、幸徳と話をして来たが、幸徳の言うに同人は病身にて、生命も長きことはないから、寧《むし》ろ主義の為に死にたい。政府が社会主義者を圧迫し、到底温和の手段にてでは革命は出来ぬから爆裂弾を以て東京に在る諸官省を焼き払いたる上死ぬ決心にて、それに三十人許りの決死同志あらば、十分なる実行が出来る。実行すれば無警察になるからその間に貧民等も騒ぎ出して欲しいものを略奪して行くことが出来るとゆうておるから、吾々も考えねばならぬが如何であるとの事でした。一同の内、私はそれは賛成であるから同意して事を遣ると答え、今一人は誰なりしやそれは面白いから大いに遣るべしと答え、その他の者も賛成しました。かような始末になって参ったのです」

これは読んだだけで底が割れるような話である。新年会がいわば放談会、雑談会でしかなかったことを知っていた節堂がなぜこのようなありもしないことを事実のように「証言」したのだろう。暴力革命の謀議がかくも簡単に成り立ち、秋水から大石への提案を聞かされ、その意思を問われた節堂らがすぐにその場で、やりましょうと応じるなどということは、作り話の世界でしか成り立たない。秋水の話を聞いた森近は「笑い咄《ばなし》」「空想談」と思っていたと予審判事の詰問をはねつけている。公判でも彼は「幸徳等の憤慨談は日常の套言《とうげん》〔常套語の意〕」と切り捨てている。

節堂は本当にこんなずさんなウソを「証言」したのだろうか。無を有にするような予審判事の強圧に同調、同意しただけではないのか。彼が予審判事の訊問を受けるのはもちろん初めてだったから力関係は明白である。捜査の対象になっていなかった六月三日の家宅捜索の際でさえ不可解な振る舞いをしているのだから、証人として証言を求められ心臓が飛び出しそうだったのではないか。

新年会をめぐるこの後は、一問一答で追っていく。大石が提案した爆裂弾で諸官省を襲って云々に節堂ら全員が賛成、同意したと認めた後である。

——一同賛成したりと言うは皆進んで如何なる言葉を以て賛成したりや。

「私と今一人のことは只今申した通りです。その外の者は黙って賛成しておったのでありま す〔黙示の賛成である〕」

——諸官省焼き払いの意味如何。

「東京にある諸官省を焼き払うと云う内に官吏を暗殺すると言う意味を含んだものと聞き取りました」

——皇室のことは如何。

「その話は出ませなんだ」

——その頃　天皇のことを如何なる名を以て呼びおりたりや。

「天皇は　天皇と申すより外には聞きません」

——諸官省焼き払いと云う外に大臣暗殺とかその他委細の話出たるにあらずや。

「さように区別した話は出ませなんだが、前申す通り諸官省焼き払いの中にそれ等のもの暗殺を含んだものと受け取りました」

——その手段方法については如何。

「前陣の通り爆裂弾を使用すると云う話でした」

——決行の時期、機会等に就いては如何。

「それも話がありませんでした」

ここで一九〇九年一月下旬の新年会に関係した訊問は打ち切られるが、予審判事のそれは誘導そのものであった。節堂はそれに乗って、実際とはまるで異なる新年会にしてしまった。何とも恐ろしいが、節堂は平四郎のダイナマイト所持に関わる爆発物取締罰則違反事件の証人であって、彼は大逆罪で起訴されていたのではない。不思議なことにこの長い証人訊問では平四郎のダイナマイトの件は一言も問われていない。予審判事の狙いは明らかだった。

この後節堂は新村、平四郎、顕明、﨑久保の思想などについても訊かれているが、省く。予審判事の証人訊問調書の最後の一行にはこう記されてある。

「右読み聞かせたる処承認せり」。その後に節堂の署名と拇印があった。

節堂が予審判事の物語に沿って誘導されてしまったのはしかし、彼の抵抗力の弱さだけにあったのではない。節堂は証人訊問を受ける直前に新宮から田辺に送られ、検事から厳しく聴取されて心身がボロボロ状態になっていたのである。

検事に飲み込まれた節堂

節堂が大逆罪で顕明、﨑久保、成石勘三郎とともに起訴(予審請求)されたのは七月七日である。「証拠物写」で節堂の記録を追っていくと、起訴前日の七月六日に大逆罪の容疑で新宮警察署に拘引され、その日の夜のうちに田辺警察署に海路護送され、そこでまず東京から出張した検事に聴取されている。それが終わるとすぐ、おそらく真夜中近くに田辺警察署から田辺区裁判所に回され、前述の平四郎のダイナマイト事件での証人として浅見予審判事の長時間の訊問を受けたのである。調べはまだ続いた。寝る間もなく翌七日朝から再び検事に聴取され、その直後に起訴の手続きが執られ、午後一一時に東京地裁への拘引手続きが行われ、翌八日午前一〇時半に執行された。東京へ拘引される前の八日にも検事聴取を受け、九日には再び平四郎のダイナマイト所持事件での証人調書を取られ、続けて検事聴取がなされて、一〇日に東京へ送られた。取調べの日時を追っていくだけでもそれ自体が拷問のようで、何とも過酷なやり方である。これがしかし国家だった。

「大逆事件」容疑で節堂が六日に拘引されたのは、まず新宮警察署であった。そこから節堂は田辺に送られるのだが、それを知った母のうたが新宮警察署に駆けつけた。現金一〇円と着替えの衣服を持ってきたのである。不思議だが、なぜか新妻のノブヱは来なかった。さまざまな記録をひっくり返してもノブヱが夫の一大事に新宮警察署に駆けつけた形跡はない。節堂は新宮警察から一二〇キロ近く離れた田辺警察署で検事らの調べをうけるために人力車に乗るところであった。母は連行されていく息子の姿を警察の控所からことばなく悄然《しょうぜん》とした表情で見送った。母は何とも哀しい目つきで、お前は私を置いて何処へ行くのかいと訴えているようだった――と節堂は後に述懐している。

二人の警察署員によって三輪崎港から田辺へ護送された節堂が田辺警察署に着いたのは、七日の朝まだきであった。狭い留置場に押込められた節堂の全身から汗が噴き出していた。熊野地方には梅雨が明けて熱い夏がやってきていた。

眠れぬ真夜中、節堂は突然呼び出されて訊問室へ連行された。そこで待っていたのが東京地裁から出張して来た検事・武富済《わたる》だ。剛腕というより、強引で権力を笠に着て被疑者らを暴力的な言辞で恫喝《どうかつ》する乱暴な検事で知られていた。無から有を簡単にでっち上げる検事であった。節堂はむろんそんな検事とは知らなかったが、武富の取調べがよほど堪《こた》えた。彼は後のちまでこのときの訊問の模様をやりとりを克明に憶えていて、それから六年後の一九一六年に書いた獄中記「我懺悔の一節」に「鋭い眼付をもって、きっとわたしを真夜中ににらみつけ」てと、追い詰められる自身のことを憐《あわ》れむように記している。この場面の一部はすでに拙著『大逆事件　死と生の群像』の中でも紹介しているが、ここでは武富との問答を獄中記をもとにしながらすべて再現する。

「お前は新村〔忠雄〕からおやじ〔天皇〕をやっつけるということを聞いたことがあるだろう」

武富はいきなり節堂の肝を抜き取るように迫ってきた。

「いえ、そんなこと聞いたことはありません」

「真っ直ぐに白状せんと、偽証罪に落とすぞ」

真夜中、警察署内である。節堂は身を縮め、身体を固くした。

「本当に私はそんなことは聞いていません。私はもう社会主義を廃《や》めていますから」

そんなことにはおかまいなく武富は節堂をぎゅうぎゅうと追い詰めていく。

「お前は大石から、幸徳が四、五十名の者を集めて諸官省の焼打ちをやるということを聞いたことがあるだろう」

このとき節堂は大石の東京の雑談話などすっかり忘れていた。笑っておしまいだったし、その後は新年会のことも、そこで出た雑談話についても誰からも聞いたことがなかったのだから。それ以後も何の出来事も動きも全くなかった。それに節堂はそのころ、ある遊郭の女性にぞっこん惚れて、舞い上がっていたから、聞いたかも知れない話などどこかへ飛んでいってしまっていた。節堂は思ってもみなかった糾問に面喰ったが、必死で記憶の扉を叩いた。中身は忘れたが、そんな話は聞いたような気がしてきた。

「ハイ、たしかにそれは聞きました」

「その時、誰が何と言ったか。また聞いていた誰彼は何と言ったのか」

「それは、覚えていません」

「覚えていないことはないはずだ。そんな大事な秘密を打ち明けられて覚えていないとは横着千万だ。承知しないぞ」

恫喝されたが、覚えていないのだから仕方がない。自分は新村忠雄のように筋金入りの無政府主義者でも社会主義者でもないのに、いっぱしの社会主義者のように振る舞ってそうした人と交際していたから、訊問されるのも仕方がないのか――社会主義はとうにやめて、ある女性と結婚して、一身、一家の平和と幸福だけを考えるようになっていたのに。しかも今、町に新しい家を建てている。早く帰してほしい。どうしてこんな訊問を受けなくてはならないのか。馬鹿々々しいし、情けない。思い返してみれば、あのときの話は一場の馬鹿話、茶話にすぎないと思って聞き流していた。それでは通らなくなってきたのか。武富検事は心中を見透かしたようにぐいと問い詰めてきた。

「そのほうは何と言った」

「どうも言いません」

「嘘を言え。そんな一大事を明かされて何とも言わないということがあるものか」

言われてみればそうかもしれないが、一大事と思ってもいなかったのだから追及されても何と言っていいか分からず、困った。

「お前が既に社会主義を廃《や》めておるといいながらそう隠蔽するところからすると、お前はやはり社会主義者だ。廃めているとは口ばかり、愈々もって承知できない」

こう言って武富検事は節堂をぐっと睨みつけた。心臓がでんぐり返った。もうダメだ。そう思ったら、自分でも思いもよらないとんでもないことばを口にしてしまった。節堂の「無が有になった」瞬間だった。

「他の人は何と言ったか、それは覚えていませんが、私はやりますと申しました」

「よく言った。よしっ、お前はやると言ったんだな」

武富検事はとうとう獲物を捕えたというようにすぐ紙に筆を走らせ、再び節堂をぐっと睨みつけて、最初の問いを重ねてきた。

「新村がおやじをやっつけるというのも聞いただろう」

いったん切れた堰《せき》はもうもどらない。

「ハイ、そんなことばは聞きませんが、皇室を尊崇するのは迷信だと言っておりました」

節堂は新村が大石の薬局生をしていたころ何度か会っており、彼から現状批判の激しいことばは聞かされたが、こんな確たることばを聞いたことはなかった。彼から「おやじ」や「迷信」ということばも耳にした覚えがなかった。それなのにこんなふうに言ってしまった。検事の追及があまりに恐ろしくて、混乱してしまった。何とか早くこの訊問から逃れて、家に帰りたかった。そう思っているうちにとんでもない虚言を吐いてしまったのである。

節堂は獄中記で、武富に追及されていた己の心理状態を分析し、無かったことを有ったように供述してしまったと悔やみ、反省する。自身が弱かったと臍《ほぞ》を嚙み、なぜ自分がありもしないことを供述してしまったのかについて当時の自己の内心に反省の光を当てている。

「検事は始終私を恐ろしい権まくで白眼《にら》みつけてぴりぴり詰問する内に、時々私を見返り「お前は直接関係が無いと云う事は解かっておる。唯事実さえ言えば直ぐに帰らしてやる」といった風の口吻をもらされるので、彼の一場の馬鹿噺の時、敢えて私はやりますともやりませぬとも、そんな賛否的確定辞を吐いた覚えは無かったのでしたが、勿論噺其の物が一場の茶話だから何も賛否同不同の語を吐く必要は無かったのであり、併し検事から「そんな一大事を明かされながら、何にも知らない、云わない、覚えないとは、愈々もってうろんだ。社会主義を廃めたなどは真っ赤な嘘だ。お前は中々狡猾《こうかつ》なずるい熱烈な主義者だ。油断はならぬ。承知せぬ」との言葉に乗せられた私は、真実、既に口先きばかりの同主義も既に早や絶縁している今日、そんな事で私に同主義に尚《なお》執着しておると見られるのは残念と妙な処へ気がつき、且つ信州で新村君等が拘引になった原因は何だか要領は得ないが、この噺とは全然別問題らしいので、随《したが》ってかく言えば検事は真に自分を解放するなら浅はかな見込みをつけ、遂にとんでもない返事をして終《しま》った」

この検事聴取の様子は節堂が六年後に記憶に基づいて書いている。「証拠物写」に記録されている聴取書には、節堂が暴力革命を「やります」と認めていることは記されているが、そこに至る節堂がここで明かしている部分はない。しかし実際は、節堂が記しているよりもっと過酷だったかもしれない。武富はこうして訊問の目的を達した。無から有を生じさせた物語は東京から出張してきた他の検事、予審判事らに報告され、検挙された人びとの訊問や聴取に使われていった。節堂は武富の糾問から解放され、家に帰れると本当に思ったようだが甘かった。休む間もなく成石平四郎のダイナマイト所持事件の証人として田辺区裁判所に移されて予審判事の証人訊問を受けたのである。それがすでに紹介した訊問内容である。なぜに彼があのような証言をしたのかは、実は武富検事の聴取ですでに予習がなされていたからだった。それでも糾問又糾問、強問又強問だったという。

囚われた節堂の「虚言」を後世の私たちが簡単に批判できるだろうか。むしろ国家批判の話を聞いただけの若い僧を、社会主義・無政府主義を根絶やしにするために、実行行為がなくても死刑にできる大逆罪という強力な法を利用した国家の底知れぬ恐ろしさを節堂の屈辱的な訊問は語っている。権力が犯罪を造出することは、強力な法がバックにあればいとも簡単なのだ。それは今も変わらない。

意見書

七月七日起訴された節堂の東京地裁での予審訊問は全部で四回行われただけである。七月一二、二三日、九月三日、一〇月一二日である。訊問の中心は、新年会での大石の東京報告の「革命雑談」の内容と、それに節堂が同意したかどうかだったが、すでに武富検事の聴取書と成石平四郎の事件に関わる証言で雑談の中身に、「決死の士」を数十人集めて暴動を起こすなどといった当局のシナリオを認めてしまっていたから、否定や反論は出来なかった。節堂は、当局の作ったシナリオが事実でないと否定し、抵抗する気力を喪失してしまったのだろう。私は彼の全調書を読み、そう思わずにはいられなかった。彼はむしろ、自身が社会主義を「放棄」したことを強調し、したがって暴力革命などに参加するはずはないと言い張ることで必死に身を守ろうとしたのである。

「私は無政府主義などは到底実行出来ないと悟ったのです。また我が国体として、かような主義は不都合だということもわかりました。一面私は幼少のときから仏教によって育成されてきた身ですから、社会主義にあきたらなくなったのです」(第二回予審)

「私は無政府主義が厭《いや》になったので、絶対にその運動はやらないと決心したのです」(第三回予審)

「私は無政府共産主義の運動は厭になったから絶対にやらない考えになったのです」(第四回予審)

虚しく、哀しいが、囚われた一人の青年僧をここまで追い込んだのが「大逆事件」であった。節堂の「努力」はしかし、実らなかった。

節堂を含む起訴された二六人の予審が終結したのは一〇月末である。予審を担当した潮恒太郎《うしおつねたろう》、河島台蔵《かわしまたいぞう》、原田鉱の三判事は一九一〇（明治四三）年一一月一日、大審院長の横田国臣《くにおみ》に一万六〇〇〇字に上る「意見書」を提出した。予審判事らは、二六人の思想・言動を個々について略述し、「事実の証憑《しょうひょう》（証拠の意）十分にして各被告の所為は何れも刑法第七十三条に該当する犯罪なりと思料する」と結論づけた。最初から判決が出ているような「意見書」であった。節堂はどう書かれていたか。

「被告峯尾節堂は明治四十年一月頃より社会主義の研究を始め、同四十一年六月錦輝館赤旗事件発生し、其の事に坐したる同主義者に対し同情の念禁じ難き折から、同年七月被告誠之助方に於いて被告伝次郎（秋水）より主義に関する政府の迫害に対しては反抗の必要ありと説示せられ終に斯主義の硬派に帰し、同四十二年一月中誠之助方に於いて同人より第一項記載の伝次郎の暴力革命及び大逆罪の計画を聞き、之に同意し決死の士たらんことを承諾したり」

大審院長の横田は事件を大審院特別刑事部の担当とし、同刑事部は一一日に大審院の公判に付すと決定した。

囚われた禅僧・節堂の身は、他の被告と同じく無罪でなければ死刑しかなかった。それが刑法第七三条の規定だった。特別法廷が開廷したのは、一九一〇年一二月一〇日である。

＊六人の「記念写真」には別のバージョンがある。六人の中で一人だけ起訴されなかった玉置のところに大石らの名を書いた紙が斜めに貼りつけられている写真である。明らかに後年の誰かの作為だが、伏せられ

た写真のほうが関係者の間では流布したと、新宮図書館長を務めた浜畑榮造は『大石誠之助小伝』のグラビア写真のキャプションで書いている。

第4章　切捨てられた若き僧侶

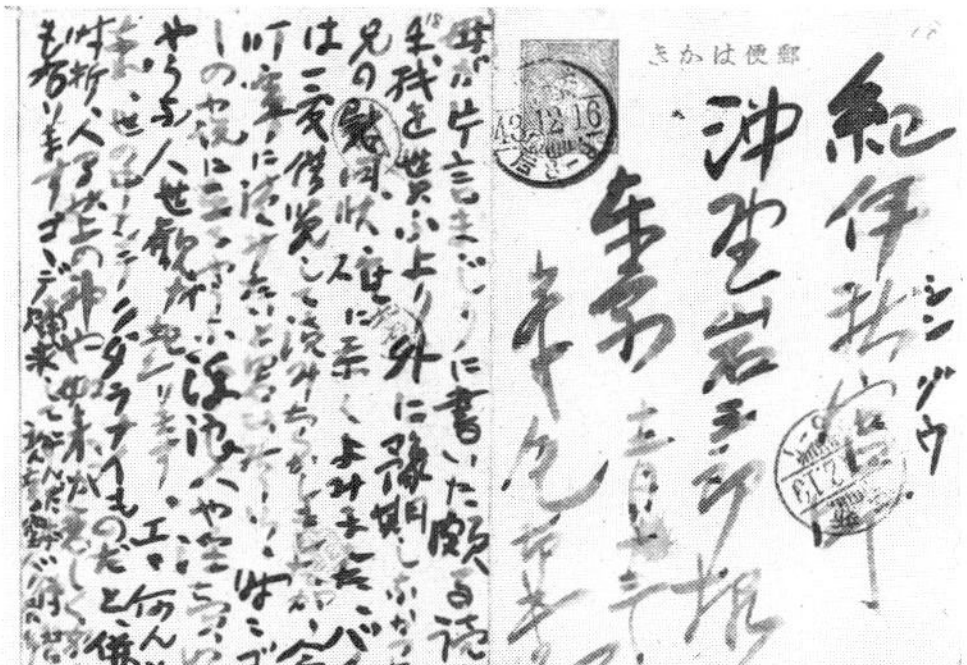

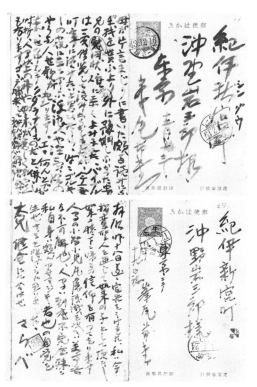

峯尾節堂が東京監獄から沖野岩三郎宛に出したはがき．
上：1910年12月13日付，下：1911年1月19日付
（明治学院大学図書館所蔵）

闇の中の公判

節堂が東京に護送された一九一〇(明治四三)年七月初旬まで熊野は暑かった。東京は雨続きで、それほど暑くはなかった。それから四カ月、「大逆事件」の公判開始決定の候には、東京は秋の色を濃くし、朝晩の冷気は膚《はだ》を刺すようになってきた。東京牛込区(現・新宿区)富久町の東京監獄に囚われていた二六被告は、女監の管野須賀子をのぞくとそれぞれ三畳の独房に押し込められていた。起訴直後に禁止された接見、通信は公判開始決定の翌一一月一〇日に解除されたが、予審中でも判事の許可があれば家族との面会や手紙も可能だった。大石誠之助ははやくも七月五日に妻の栄(ゑい)宛に「通信禁止中だけれども特に許可を乞うて」と、手紙を出している。食べ物、衣類などの差し入れは遠方だから、東京の誰かに頼んでほしい、こちらのことは心配しないようになどと気遣っている。しかし多くの被告は大石のように接見交通禁止中に家族とのやりとりはしていない。手紙のやりとりが出来るようになって以降も家族や友人ら宛のいわゆる獄中書簡は、限られた人をのぞけば多くはない。

狭い牢に閉じ込められていた被告らは毎日、なぜ囚われねばならないのか、いつ釈放されるのだろうかと、絶望とかすかな期待が交錯し、深い寂寥感や鬱屈感に襲われていた。それをいくらかやわらげ、癒やしてくれるのが肉親や友人らとの限られた面会や通信だった。

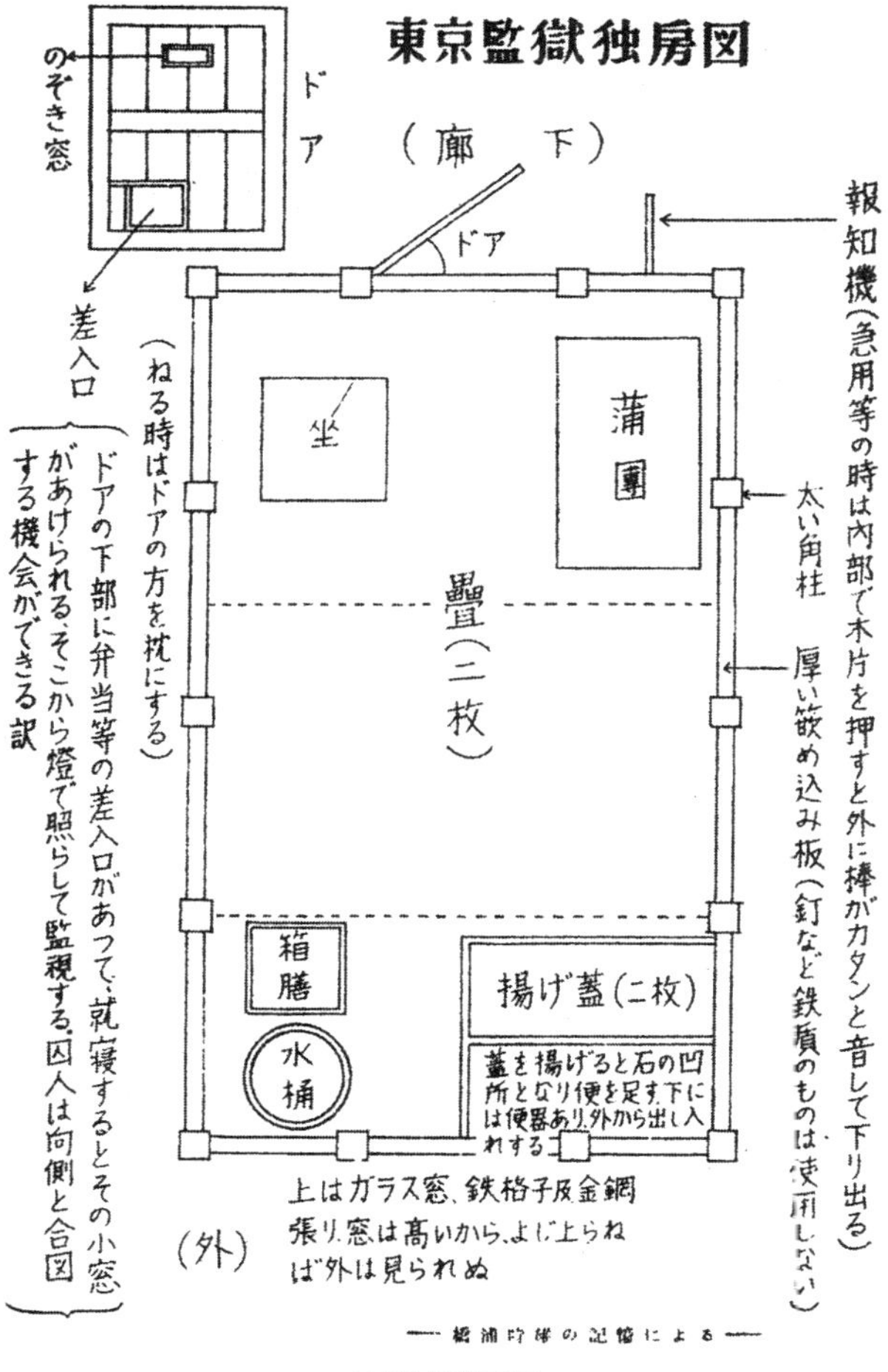

東京監獄独房図

注：橋浦時雄の記憶によって，神崎清が描いた．橋浦は「大逆事件」裁判開始のころに，不敬罪で東京監獄に囚われていた．

出典：神崎清編『大逆事件記録』第1巻「新編獄中手記」，世界文庫，1964年．

節堂もそれは同じだったろう。目に一丁字《いっていじ》もないほどではなかったとはいえ、日ごろめったに書くことをしなかったうたが手紙を書くのはおおごとだったと思われる。事件後すぐに別れたというノブヱはどうしただろう。節堂は母やノブヱに手紙を出していただろうか。たとえ節堂と母との間で手紙が交わされていたとしても現在までには一通も発見されていないから、囚われていた彼の当時の心中をうかがい知ることは難しい。私たちが彼の獄中からの書簡を読むことができるのは、二通しかない。それも母に宛てられたものではない。

岡山・井原《いばら》の森近運平も事件のために妻の繁(子)と離婚に追い込まれたが、繁宛の獄中の運平からの書簡は少なくなく、彼女は実家にもどってからも大事に持ち続けた。それらに私が出会えたのは事件から何と一〇〇年も後だった。この出会いの経緯については『大逆事件　死と生の群像』に詳しく書いているが、偶然が重なったのと高知在住の女性史研究者、別役《べっちゃく》佳代さんの情熱があったからだった。

では面会はどうだったろう。身体が不自由で経済的にも苦しかった母が、遠い熊野から船や汽車を乗り継いで東京まで面会に行くのはおよそ不可能だった。節堂もそれは十分に分かっていた。面会にはもちろん旅費や宿泊費がかかった。『大逆事件の真実をあきらかにする会ニュース』を繰っていたら、節堂と一緒に「一月新年会」に出席し、共謀に加わったとされて囚われた﨑久保誓一に面会した、彼の叔父・檜作《ひづくり》荘八郎の書き留めていた貴重な経費帳が掲載されていた(第一四号、一九六六年)。旅程や当時の物価、時代背景などがうかがえる貴重で珍しい記録である(これは森長英三郎が﨑久保の親族から提供された資料の一つである。『定本平出修集』(続)にも収録されてある)。

檜作が誓一の妹で一八歳になる静江を伴って三重県・市木を出立したのは、公判開始が決定した三日後の一一月一三日午後で、その日は木本《きのもと》（熊野市）に宿泊し翌一四日に汽船で愛知・熱田へ行き、上陸したのは一五日午後である。そこまでの費用が、一三日が宿泊費一円二〇銭、宿でのお茶代六銭で占めて一円二六銭。一四日は船賃三円六四銭、船中の菓子代七銭。一五日午後六時半に熱田から汽車で東京へ向かい（汽車賃二人分五円五二銭）、新橋に着いたのが一六日午前五時頃。一五日は汽車賃を合わせて六円六七銭。二人は人力車（七五銭）で神田《かんだ》美土代《みとしろ》町の旅館に入り、一休みして午後に北神保町の平出修弁護士の自宅兼事務所へ行き、面会。進物の菓子代一円。﨑久保と高木顕明の二人の弁護人は、沖野が知人の与謝野鉄幹に頼んで平出修が引き受けていた。彼の事務所で事務員として働いていたのが、節堂の級友で俳句仲間だった和貝彦三郎である。

檜作と静江が和貝の案内で市ヶ谷監獄へ行き、初めて﨑久保に面会したのが一八日午前である。「正午迄《まで》面会ス」と記されてあるが、何時から面会してどんな話をしたのか「経費帳」なので分からない。翌一九日夕方、﨑久保から妹らに面会したいとの希望が平出にあった（「経費帳」には、「誓一より今一度面会致したしとの平出弁護士方へ電話ありたり」と書かれている。彼が直接電話するはずはないから、監獄側が電話したのだろう。そんなことがあり得たのかと思う）が、翌二〇日は日曜日で面会は出来なかった。静江と檜作が二度目の面会のために監獄へ行ったのは二一日朝だったが、このときの様子を「経費帳」は淡々と記している。

「本日朝より監獄署に至り面会を求めたるに、正午に面会著しく後るるとの事示されたるに付差入屋にて昼食、夫より再び監獄署に出頭后四時過ぎになりたるも、呼出無之故《これなくゆえ》相伺いたる処、本日は弁護士の各被告に面会をなしたる故面会出来ざる由聞されたる故、止むを得ず帰宿す」

何ということかと思ってしまう。結局、二人は二二日朝に面会する。妹と叔父は東京に二四日まで約一〇日間滞在し、誓一に面会できたのは二回だけだった。彼らが再び汽車と船を乗り継いで市木にもどったのは、一一月二七日午後である。

「経費帳」の末尾にはかかった費用が記されてある。「合計　五拾壱円四十四銭」。そのころの公務員の初任給(基本給)は五〇円、小学校教員の初任給が一三円だった(週刊朝日編『値段史年表』)。崎久保の実家はみかん農家で経済的にはわりあい恵まれていたから出来たのだが、精神的な疲れもあり、大変な負担だったにちがいない。

「経費帳」には記されていないが、大逆犯にでっち上げられ、囚われた人に面会するのは他の事件よりはるかに厳しかった。崎久保の妹と叔父が面会した四日前の一四日、大石誠之助の姉で、当時東京に住んでいた井手睦世とその子の義行(当時、東京帝大生)が誠之助に面会している。そのときの監獄側のぴりぴりした様子を義行が、誠之助の甥の玉置醒《さめる》に宛てた手紙に書いている。「本件は未曽有の重大事件なればとて、面会手続きも普通のものと違い、典獄、看守長自ら出て来たり、面会前に、話の用向き其の他を問い糾《ただ》し、面会室の如きは応接間にて、談話の速記者、其の他検閲の官吏四、五人立合いの上、頗《すこぶ》る崇厳に謁見いたし候」と。尋常ではない様が伝わっている。崎久保のときも、一二月三日に高木の妻のたしが面会したときもそうだったろうと、森長は想像している。

それでも肉親が面会に東京まで来られた家族はまだ良かった。壁の中にいた節堂には肉親と面会した形跡はない。仲の良かった弟の慶吉も徴兵で和歌山の第六一連隊に所属しており、面会に行ける状態ではなかった。

大審院特別部は一一月一六日、公判を一二月一〇日から開始し、連日開廷すると二六被告に通告した。大逆罪裁判に明治国家ではむろん初めてだが、審理は大審院一審だけで終審と決まっていた。「大逆事件」のような重大事件ならばいっそう三審が不可欠なのだが、被告の人権ではなく国家の側からの制度になっていた。節堂は無実でなければ死刑しかない刑法の規定を知っていただろうか。自分は紛れもなく無実だと信じていただろう。大石でさえ面会の姉に、妻の栄に伝言を頼んだ中に、自宅が広く維持費が大変だから片付けた後で〔誠之助の〕帰宅遅くなるやも計られぬ故に家族は小さき家に移る事」と話していた。これも無実だと確信していたからに違いない。

二六被告合わせて一一人の弁護士が担当し、節堂の弁護人は国選で花井卓蔵、磯部四郎のベテラン弁護士と辣腕《らつわん》弁護士の今村力三郎であった。秋水らごく一部の被告を別にすると、日常世界では弁護士とは縁もなかった多くの被告は官選だった。

公判開始の一二月一〇日朝は、冬至まで一〇日ほどで恐ろしく寒かった。一条の陽も射し込まぬ、火気もない凍るような独房の被告らは午前四時から四時半にかけて起こされ、五時に朝食、二組に分けられて、最初の組はまだ暗い六時に六台の黒い檻車に分乗させられて東京監獄を出て、凍《い》てつく道を大審院へ向かった。幸徳秋水、管野須賀子、大石誠之助、奥宮健之《おくのみやけんし》、森近運平、新村忠雄が一人ずつ乗った檻車の前後に警戒の馬車が各一台ついた。節堂は後の組で大石らを運んだ檻車がもどってくると、二人ないし三人ずつが分乗して、霞ヶ関の大審院へと馬車は駆けていった。道中はろう。

制服巡査と私服刑事の角袖がびっしり並んでいた。檻車の中の節堂はその異様な光景を目にしただろう。

二六人は大審院の二階へ上がり、三階を通り、再び二階に下りて法廷へ入った。長い回廊のような大審院内も廷内も巡査らで溢れていた。

午前一〇時四〇分、鶴丈一郎裁判長ら六人の判事が入廷し、近代天皇制国家の初めての大逆事件裁判が大審院一号法廷で開廷した。二六人は四列に分けて座らされ、第一列が秋水、第四列が須賀子、節堂は二列目で左から奥宮、坂本、大石、成石平四郎、顕明の次に座らされた。彼の隣には﨑久保が腰掛け、熊野の被告がかためられたよう。成石平四郎の兄の勘三郎は重い病気のために看守に支えられて三列目の左端に座らされた。

鶴裁判長は二六人の名前を読み上げ、それぞれ人定訊問をするとすぐに公開禁止を宣し、傍聴人も新聞記者も追い出してしまった。当時の新聞等によると鶴裁判長はこう述べている。「本件は安寧秩序を紊《みだ》す虞《おそれ》あるをもって公開を禁止する」。このとき政府関係者の特別傍聴席に陸軍省軍医総監で作家の森林太郎(鷗外)が居たというが、確証はない。一審で終審の大逆裁判は、一二月二九日の最終弁論までベールを被せられたまま秘密裡に進められ、後に「暗黒裁判」と言われることになる。公開禁止によって事件の捜査の手法、検事の聴取、それらに基づく予審判事による調書がどれほどデタラメだったかが社会から見えなくなってしまった。「大逆事件」の法廷全記録である「公判始末書」は刑事訴訟法(二〇八条)で記録が義務づけられていたが、それが未だに発見されていない。その中にある「被告人ノ訊問及ヒ其供述」だけでも分かれば、大審院第一号法廷での被告らの声を聞くことが出来た。

思想が犯罪

閉じられた裁判の初日、松室致《まつむろいたす》検事総長が冒頭陳述で、幸徳らが無政府主義を実行しようとし、「大逆」がこの思想から企《たくら》まれ、思想を根に持つ事件だと断じた。熊野の六人については大石が東京で聞いてきた話を大逆の陰謀と位置づけ、それを聞いた節堂らが「決死の士」に同意したとされた。糾問など強圧的な訊問によって得た被告らの供述を元に、予断と推論で創作された冒頭陳述だった。この後一六日まで続いた審理（一一日だけ休み）で二六人についての事実調べが終わり、一九日から四日間は補充訊問が行われた。このとき被告らはあまり制限されずに陳述できたようで、被告らに期待を持たせた。後に管野須賀子が獄中記で「公判の調べ方が思いの外行き届いて居った」（「死出の道艸」）と感想を書きつけたほどだった。平出修の発禁になった小説「逆徒」（『太陽』一九一三年九月号）には、鶴裁判長の公判の進め方を描写する場面が出てくる。

「彼は被告の陳情を一々聞き取った。云いたいことがあるなら何事でも聞いてやろうと云ったような態度で、飽かず審問をつづけた。之が被告をして殊の外喜ばしめた。之なら本統の裁判が受け得られると思ったものも多かった。概して彼等は多くを云った」

これは一九日から続いた補充訊問の場面で、節堂もそんな一人だったろう。

彼の担当弁護人だった今村力三郎が残した「公判ノート」には、補充訊問での発言がメモとして断片的に書き留められて、表に出なかった法廷の「声」などを幽《かす》かに記録していた。それを読むと国家の被せた黒いベールのわずかなつなぎ目から、彼らのつぶやきが吐息のように漏れてくる。

節堂が公判廷で陳述した要旨を今村はメモしている。

「臆病にて主義の為め一身を捨つると云うが如き意志なし。幸徳の説を大石より承りたるとき大石も左程の至誠心にあらざるを以て一種のほらと思って聞き流し居りたり。到底出来るものにあらずと思えり」

大審院での節堂は、「臆病」だから無政府主義のために命を捨てる気はさらさらなかったと言い、武富に喋らされ、予審調書に記載されたことを否定した。大石への不信を滲ませながらも、秋水の語ったという暴力革命についても大石は法螺《ほら》だと思っていたし、節堂も同じで噴飯物とさえ思っていた――そんな陳述だったようだ。法廷ではもっと多くのことを、感情を乗せて語っただろうが、今村の「公判ノート」は摘記であるから、これだけしかない。節堂の陳述にある「臆病」は隠しことばで、誰もまともに受け止めていなかった話から事件を作った当局を批判していたのである。私は彼の陳述要旨をそう読んだ。

「公判ノート」には、節堂の前と後に髙木顕明と﨑久保誓一のことばも書き込まれてある。二人とも節堂と同じく「一一月謀議」に連座させられた大石宅の新年会出席で事件に巻き込まれてしまった。二人は、どう陳述していたか。

「髙木顕明　裁判所に於て証人として呼び出され帰宅後直ちに田辺の検事の調べを受け、此の死にぞこないめと一喝され、林という巡査が扇子を首に当てぱっと云われ、自分は到底殺されるものと思えり」

「﨑久保誓一　成石は肉弾と為って遣ると自白したと言われ、汝は言わずとも裁判は周囲の事情にて判決する。汝は今の内に早く恐れ入って謝れと言われて有ること無きことを申し上げたり」

公判廷が新聞記者も含め、一般傍聴者にも最後まで公開され、また報道も自由に出来ていれば、節堂らのこんなわずかな陳述からだけでも世紀のフレームアップ事件の実像は早くに社会に明らかになった。いや、「大逆事件」は砂上の楼閣のように崩れ去っただろう。「公開禁止」は、フレームアップの国家犯罪を隠すためだったのである。

補充訊問の翌一二月二三日に弁護側は沖野岩三郎らを証人申請したが、翌二四日裁判長はすべて却下した。結局、「大逆事件」裁判では一人の証人も採用されず、検事や予審判事が被告に行った、捜査段階での事件にするために被告らの知人や友人らから得た証言しかなかった。「大逆事件」は司法がその独立を放棄し、政治権力に荷担した点でも世紀の事件だった。

二五日の第一三回公判で平沼騏一郎主任検事が「被告人は無政府共産主義にして其の信念を遂行する為大逆罪を謀る　動機は信念」と論告した。思想こそが大逆陰謀を企てた根っこだという松室検事総長の冒頭陳述にダメ押ししたのである。くり返し触れてきたように一九〇八年一一月の茶話会で、弾圧に苦しむ秋水のぼやきや怒りの雑談話を基に、熊本、岡山、大阪、そして熊野へ引っ張って大逆謀議をしたという、強引に作られた供述による物語で有罪だと論告したのだった。今村も平出も平沼検事の論告を別々にメモする中で、「動機は信念」と同じように書き留めたのは、「大逆事件」の核心がどこにあるかを知ったからである。思想や表現が弾圧の対象になるのは「冬の時代」の特徴だった。

松室検事総長は午後の論告求刑で全員に死刑を求刑した。節堂も例外ではなかった。弁護側の最終弁論は二七日から三日間行われ、結審した。一二月一〇日に開廷し、ほとんど毎日午前と午後に審理が行われ、二〇日足らずで「大逆事件」裁判は幕を下ろした。世紀の大事件でありながら、まるで逃げるような裁判だった。難波大助の皇太子狙撃事件(虎ノ門事件)の弁護も担当した今村は一九二五年二月、「大逆事件」裁判のスピード審理と証人ゼロについて「急ぐこと奔馬の如く一の証人すら之を許さざりしは予の最遺憾としたる所なり」(「芻言」『大逆事件』2)と誌していた。

「覚書」に見る本心

当局が事件を造形するのに中心的な役回りを与えられた秋水、須賀子、誠之助、忠雄、運平らは囚われて以降、獄外にいたときと変わらないほど饒舌だったが、事件の最も遠いところにいた一人である節堂は寡黙だった。公判中に彼が書き、残っているものは書簡二通だけである。ノブヱとの結婚を記した今村ら三弁護人に宛てた「覚書」と、沖野岩三郎宛のはがきである(本章扉写真)。二通の書簡のうち一通は「覚書」とほぼ同じ一二月中ごろで、はがきの表に一二月一三日と本人が明記している。消印が一二月一六日になっているのは、検閲による遅れだろう。はがきは明治学院大学図書館の沖野岩三郎文庫の書簡集に収められ、現在はデジタルデータ化されてある。

はがき表面の宛名は、大きく、力強い、自由闊達な筆文字で「紀伊新宮町　沖野岩三郎様」と書かれ、新宮に「シングウ」とルビが振られている。差出人のところは「東京　峯尾節堂」とだけである。圧倒されそうな迫力がある。これまで追ってきた彼のブレの大きい、不安定な生き方やいくぶんこせこせした感じの性格とは、かなり距離があるように思える字体だ。裏面の文面はどうだろう。

「母が片言まじりに書いた頗る読みにくい手紙を貰うより外に予期しなかった貴兄の慰問状確に忝《かたじけな》くよみました。バイブルは一度借覧して読み散らかしましたが、今一度叮嚀《ていねい》に読みたいと思い居候。時々ゴルキーの小説にあるような浮浪人や淫売婦のような人生観が起ります。エエ何とでもなれ、世の中なんてクダラナイものだと。併し時折人間以上の神や如来が恋しくなることがあります。ココデ購求して読んだ本は伝習録と親鸞聖人伝です」

はがきの裏面に三カ所東京監獄の赤い検印がある。短い文面からすると、母のうたからは何通かの手紙かはがきが来ていたと思われる。まだ二五歳の息子を案ずる母が懸命に書いただろう書簡を節堂は涙しながら読んだにちがいない。それを読むのは辛かったのだろう。七月七日で時が止まってしまったような母に心配をかけたことを想う彼は「片言まじり」で「読みにくい」ということばに包んで、沖野に胸中を訴えたのだ。

牧師の沖野は自身が免れたことで、後ろめたさのような思いに苛《さいな》まれ、友を奪われたいたたまれないような寂寥感にも襲われた。わずか三年間しか交流しなかった熊野の被害者を励ます書簡を送り続けたのはその表れだったろう。彼は、大石は言うまでもなく、崎久保、髙木にも何通もの書簡を書き送っているのだから。

節堂のはがきは、囚われてしまった環境で宗教的な迷いがさらに深まっているように読める。聖書を読み直したいと言ういっぽう、ゴルキー(たぶんロシアの作家マクシム・ゴーリキーのことだろう)の小説に登場する人物に自身を重ね、「世の中なんてくだらない」と自棄《やけ》になったような心境をもらす。そうかと思えば儒学の入門書の王陽明の『伝習録』や親鸞にも興味を示している。新宮で彷徨していた節堂が獄中にもいるようだが、クロポトキンの『麺麭の略取』に刺激されたような、生硬ではあっても「忘れられた根本義」で見せた、ピュアな節堂はどこへいったのだろうか。

禅僧節堂の揺れは事件に襲われる前からあった。その揺れの中で、社会主義に向かい、相互扶助の精神を根本思想にする無政府主義にも惹かれた。けれども自分の思想として獲得できなかった。国家はしかし、その思想を抹殺するために近づいた者をも潰しにかかった。それが「大逆事件」だったのだが、節堂は国家の理不尽な弾圧に気づき、批判し、あるいは抵抗しようとしただろうか。それを解く鍵が、公判中の一二月半ばごろに出した三弁護士宛の「覚書」の中にあるかもしれない。この「覚書」は、秋水の有名な「陳弁書」や大石の社会主義・無政府主義への反省を滲ませた自己の向き合い方を記した興味深い書簡などとともに今村弁護士の膨大な訴訟記録中の「大逆事件」の項に収められてある(『大逆事件』2)。

節堂の「覚書」の字体は沖野へのはがきのような闊達さはなく、いくぶん楷書っぽく細かな字で書かれている。一六〇〇字ほどの全文を六つの項目に分け、それぞれ頭に「△」印を付けている。すでに触れた内容とダブるところも少なくないが、項目順にしたがって読んでいく。

「私は大石宅にて大石より東京の幸徳が暴動を起す云々の談話を聞いた時分、或る芸妓に恋慕して母の全財産なる二百円の金を消費《つか》っていたのです。それは四十一年の十一、十二月頃からのことで、大石宅での談話の時分は、もっとも芸妓に熱中していた頃と思います。芸妓の名は三國家内三玉と申し、放蕩した料理店は、三國家、三好楼、二葉楼及び他に二、三軒あります。ですから実際其の時の大石の談話と云うものは、はっきりと記憶にないのは事実なのであります。而して自分が賛成しますと云うた覚えもなく、誰が何を云うたかと云う記憶も無いのです」

節堂は「一月新年会」当時の自身の放蕩を具体的な固有名詞を挙げて説明し、大石の話の内容も含めて、自分が賛成したとか他の誰かの反応もまるで覚えていないと説明する。遊蕩ぶりを説明するのに具体的な妓楼の名、熱を上げた芸妓の名を記し、母の貴重な財産まで使い込んでしまったと告白する。あまり他人には言いたくないことがらを節堂は裸になって率直に書いている。追い詰められた状況と保身、それに弁護士宛だったからだろうか。

次いで彼は社会主義に対する自身の姿勢について語る。

「私は最初から社会主義はただ一種の議論で、到底行わるるものでは無いと信じて居りました。而して私は幼少の頃から、御経や漢籍や心学のような服従的道徳と云う教育を受けた者ですから、他の科学を修めた書生のような物質一遍の議論に如何しても心酔熱中することが出来なかったのです。要するに其の頃私は単に大石の宅へ遊びに行って酒食の交際をして居ったに過ぎないのです。随って赤旗事件に憤慨して一層社会主義に対する信念が強硬になったなどは、決して無実の事です。初めから主義に対して至誠心が有りませなんだ」

彼の生い立ち、禅宗僧侶への歩み、その後の懊悩、大石への憧憬と敬意などについては見てきた。小さな貧しい寺の住職をし、その「地位」を捨て、宗教者として彷徨《さまよ》い、悩む中で有数のインテリ文化人である大石を通じて社会主義を知り、近づき、さらに進んでアナキズムの小論を書くほどまでに「成長」した。苦しい生き方の中から、揺れながらも禅僧として、何とか拠って立てる確たる思想をつかみ取りたいと必死に、真摯にもがいた。けれども社会主義者にはなれなかったし、無政府主義者にもなれなかった。もちろん行動するわけでもなかった。それは熊野の六人だけでなく、程度のちがいがあっても公判に付された多くの被告に共通するところだ。

節堂は、予審判事の「意見書」に書かれたような「赤旗事件」を聞いて社会主義への信念が深まったなどというのはあり得ないと断言する。その通りだった。彼は東京の社会主義者の運動の実態を全く知らない。秋水や堺や須賀子らのように弾圧を実際の生活の中で身体で感じることはなかった。彼だけではなく、顕明も﨑久保も平四郎もほぼ同じだった。ことばでは理解できても実感できなかった。東京はあまりに遠かった。人間関係でも心情的にも東京に最も近かった大石とて「赤旗事件」は遠かった。秋水のように痛めつけられてはいなかったから、「赤旗事件」で彼の瞋恚《しんい》に火が点くことはなかった。森近運平のように岡山の農村部の出身で、そこに土着しながら東京や大阪で実践的に活動していた骨のある社会主義者とはまったく違った。

節堂の「覚書」のここのところは、ファッションを追いかけるように社会主義に近づいたに過ぎない、初めから斜に構えていたのだと受け取れるように書いており、その不誠実さを問い詰めたくもなる。その半面、彼の正直さが前面に出ているとも読める。節堂の「覚書」は公判中の弁護士宛の文章であり、何とか自分を守りたいという思いもあっただろう。それも当たり前である。国家が理由も無く命を取ろうとしているのだから。

続きを読んでいく。二つ目の△印である。

「私は大石宅へ遊びには行くものの、いつ迄、迂路々々《うろうろ》している訳にゆきませんから、一方自己の放蕩を止むると共に、将来は真面目に一身一家の処方を講ぜざるべからずと思い、一日大石にも其の由を話し、自己が社会主義などは嫌いになりました、且つ人間は誰でも一身一家をさえ修めたらいいではないか、と申しました。而して私は、如何しても、法律や権力や服従なしに世の中が修まると云う理屈が解せられないと云うことも大石に申しました。其の時大石は私に向かって、君はほんとうの苦労をしたことが無いから駄目じゃと申しました」

節堂には、社会主義は放蕩するのと同じたぐいだったかのようである。その程度のものだったから、一身一家を立てるためには、社会主義は邪魔になるから嫌いになったと大石に伝えたと記す。大石はたぶんその精神を批判したのだろう。節堂は大石の批判をどう受け止めただろうか。私が最も気になる『熊野新報』で書いた「忘れられた根本義」は、彼にとっては一九〇九年六月の時点でたどり着いた、思想的な地点だった。その到達点から彼は突然のように「一身一家」に気づいて踵《きびす》を返してしまう。もちろんこれは、仲間を売ったり、他者を傷つける深刻な「転向」とは次元が異なる。当時の彼が考えてきた到達点と思われる「忘れられた根本義」は、小さな町の小さな新聞であっても、社会的に公にした思想であるから、それが己の中でどう変化したのかはとても気にはなるが、節堂は指導者ではなかったし、他者に影響を与える大石のような存在でもなかった。禅僧峯尾節堂が何かのきっかけで生来の「保守」にもどり、その行き着いたところが龍神ノブヱとの新しい家庭だった――。

大石に批判されて節堂はどうしたか。

「この時以来大石の宅には行きませんでした。尤も行きましても薬取りの用事で門口まで行くだけで、決して以前のように座敷に上がりなどして親しい交際などはしませなんだ。大石初め其の他の関係者はもちろん大石の妻君や高木顕明の妻君なども私が主義を廃《や》めたことを知っております。兎《と》も角《かく》紀州で一番早く主義をやめたのは私です。それは四十二年八、九月頃のことです。併し最初から私は東京其の他の主義者と違い、実際一日の日も十銭の金も主義の為などに消費したことは有りません。ただただ、主義の雑誌などを読んで、寺の和尚やなどをからかっていたに過ぎなかったのです」

節堂は一九〇九年の八月か九月に社会主義から遠ざかった（彼のことばでは廃めた）。大石に批判されて絶交したかのように書いているが、前に見たように京都から古書店を回って本が欲しくてたまらないというはがきを大石に出している。一〇月の初めである。はがきの文面からも大石と疎遠になったふうではなかった。

むろん彼が社会主義から去ってもどうということはない。人はさまざまな思想に近づき、捨て去り、あるいは乗り越えていくのだから。ただ自己の変節ぶりを周囲に触れ回り、社会主義に接した初めから主義のために一銭も使ったことがないという真摯さに欠けるところは、弁護士もそう受け止めたのではないか。

新しい思想の社会主義をひけらかすかのように雑誌に書かれていたことなどを知ったかぶりして話して、寺の和尚などをからかっていたという行《くだり》には、ちょっとどうかと思うが、それとても若かったのだからあり得る言動だ。
弁護士も知らなかっただろう「忘れられた根本義」の原稿を書いたとき、節堂は読者をからかうつもりだったとは思えない。彼は真摯に誠実に相互扶助の思想を称えた。だから彼の思想への接近や遠ざかりの精神がいっそう気にはなるが、沖野の小説に描かれているデラシネのような節堂像を鏡にすればいいのであろう。

節堂は、自分は「大逆」などにはまったく関係ないことを弁護士に分かってもらいたくて、自身のいい加減さ、見苦しさをさらけ出し、プライドをかなぐり捨てでも、助かりたい一心で必死になって訴えている。弁護士という他者にどうしてそんなことまで明かさねばならないのかと思うが、不条理な死を送りつけられようとしているからだったと考えれば、簡単には批判できない。この箇所を読むと、「大逆事件」によって狭い牢に囚われた彼、節堂は、命や思想だけでなく人間の精神をも踏みしだかれているようで胸が苦しくなる。

節堂の「覚書」の三つめの△は、一転して自己の身体的な問題に言及している。すでに六人の写真のところで触れた首の瘤などについてだが、それをわざわざ弁護士に伝えたのはなぜか。

「私はのどに瘤のようなものが子どもの時分から出来ておりましたが、生理上何らの苦痛も不都合もなく、食物を取り、呼吸をするに少しも差し支えなく、ただ外見態采《ていさい》が悪いと云うだけでした。が、之を手術するとなると田舎では無論出来ず、都会でも危険な手術でした。私は七十円の金を他から借用して京都大学病院で治療を受けました。心臓が悪いから魔〔麻〕酔薬は用いられずとあって、生身のまま手術を受け、中々の大手術でした。私は幸徳や大石や主義の為に死を決しているならば、何を苦しんで、かかる無用の危険を侵し、又は借金などをしてまでも斯かることをする必用は無いのです」

ここの文意は、節堂が秋水や大石のように無政府主義や社会主義のために死を覚悟している（それは彼の錯誤だが）なら、麻酔も使えない危険な手術は受けなかった、だから自分は主義者ではないと言おうとしていた。

四つ目の△は龍神ノブヱとの結婚についてである。

「本年四月頃、私は龍神ノブヱなる者と結婚しました。これも主義者の云うような自由恋愛ではありません。媒酌人も有り相当の式を挙げて娶ったのです。昨年八、九月頃から断然社会主義と絶縁したのは実際の事実ですが、其れ以前とても本気に信じてはいなかったのです」

「許婚」だったというノブヱとの結婚は、節堂にとって行き着いた「一身一家」の安住の地だったのに、平安の地を事件が、国家があっという間にさらってしまった。節堂は社会主義から離れ、かつてもまともに信じてはいなかったことを懸命に訴え、必死に国家の罠から逃れようとしてもがいている。弁護士にすがるような彼を情けないと断じ、なぜ国家と向きあおうとしなかったのかと批判するのは簡単だ。だが有罪になれば死刑しかない大逆罪から何とか逃れたいという感情をどうして批判できようか。誰もが強靭《きょうじん》な精神を持っているわけではなく、むしろ多くの人は弱いのだから。国家は個人の弱いということを知り尽くしている。そこが国家の残忍さである。

五つ目の△である。

「押執〔収〕になっている私の弟慶吉なる者より私宛に来たハガキに兄等主義者云々の語が有りま

すが、これは私が幾分主義に雷同していた時分の私を知って、それ以後の私を知らないからです。私等兄弟は始終別れていて、一家に同居したことは子供の頃のみで、その後は何時も十里も或は五、六十里も離れてばかりいたから、今年になって、こんな「ハガキ」が来たのは無理では有りませんと思う」

「大逆事件」が兄弟の関係にも楔《くさび》を打ち込んだという惨《むご》い事実の一端を知り暗然とするが、それはまったく一端であって、弟も事件の大波をかぶる。ここでは、節堂が社会主義に惹かれた、あるいは近づいた自身の思想の軌跡を「雷同」だったとまで言い切っている。自己を貶《おとし》めるかのような述懐で、ささくれだった節堂があまりに哀し過ぎる。これも事件のもたらした数え切れない影響の一つかと思うと、立ち竦む。

最後の六項目の△である。

「実際、主義などに尽くす心は有りませんから、雷同していた当時といえども、一日の拘留になるようなことでも、実際事実なら賛成することは嫌であります。

弁護士　今村、花井、磯部殿」

節堂の弁護士宛の「覚書」は、最後まで社会主義者ではないこと、かつては「雷同」したに過ぎないと筆を尽くして訴えている。

「覚書」は全文通して読んで見ると、助かりたい一心から出ている饒舌な文面だが、「大逆事件」に対する巧まざる批判になっていることにも気づく。これほど「大逆事件」には無縁で、確固たる思想も持ちきれなかった若い宗教者を大逆犯に仕立てた国家のデタラメさが、影絵のように浮かび上がってくるからだ。

けれども「大逆事件」という理不尽かつ不条理な国家の罠に嵌められてしまった節堂を含めた二六人は、もはや逃れられる術もなく、そのような状況にはなかった。

判決

一九一一(明治四四)年一月一八日午後一時から、大審院は判決公判を厳重な警戒の中で開いた。鶴裁判長は二六人を座らせ、長い判決理由を朗読し、それが終わると主文を読み上げ、二六人に主文を宣告した(判決文は『大逆事件』1より)。

「被告幸徳伝次郎、管野スガ、森近運平、宮下太吉、新村忠雄、古河力作、坂本清馬、奥宮健之、大石誠之助、成石平四郎、髙木顕明、峯尾節堂、﨑久保誓一、成石勘三郎、松尾卯一太、新見卯一郎、佐々木道元、飛松與次郎《とびまつよじろう》、内山愚童、武田九平、岡本頴一郎《えいいちろう》、三浦安太郎、岡林寅松、小松丑治を各死刑に処し　被告新田融を有期懲役十一年に処し　被告新村善兵衛を有期懲役八年に処す」

二六人中二四人が死刑、新田と新村善兵衛の二人だけが爆発物取締罰則違反で有期刑だった。被告の中では思想的には最もラディカルで、国家の意図を見抜き、覚悟していた新村忠雄は克明な獄中日記に判決宣告後の法廷の様子を書き留め、その中で節堂の顔色が青かったと描写している。

「吾々はかさ(編み笠)をもたされた。傍聴人は出る。坂本・峯尾・﨑久保・古川〔河〕・奥宮等の諸氏の顔は青かった。大石と家兄(忠雄の兄・善兵衛)は赤かった(中略)正に退廷にせしめられんとするや、幽月(管野須賀子)女史は「皆さんサイナラ！　皆さんサイナラ」それが悲しく壮《いさ》ましく、しかして力強く繰返された。三、四の同志からも之に答えた。私も言った……」

節堂はどうしたろう。衝撃のあまりおそらく真っ青な顔で編み笠をかぶせられ、沈黙したまま退廷しただろう。

判決理由のところで節堂はどう認定されて死刑判決になったのだろうか。長文の判決理由は何カ所かに分散しているが、関連箇所を抜き出しつなげてみる。

「被告峰尾節堂は明治四十年比《ころ》より社会主義の書を読み誠之助と交わりて無政府共産主義に入り」「〔被告大石誠之助は〕四十一年一月に至り平四郎、顕明、節堂、誓一を自宅〔中略〕新宮町の居宅に招集して伝次郎と相謀りたる逆謀を告げ、之に同意せんことを求む。平四郎等四人は当時既に皇室の存在に無政府共産主義と相容れざるものと信じ、奮って誠之助の議に同意し、一朝其の挙あるときは各決死の士となりて参加すべき旨を答えたり」「忠雄の誠之助方に寄食したるは四月より八月二十日に至る。其の間被告平四郎、顕明、節堂は忠雄と交わりて不敬危激の言を以て逆意煽揚せられ」た、と述べる。これが理由の中心部分で、ほとんど「作文」だった。この判決理由を根拠づけるところが以下の個所である。

「被告峯尾節堂の予審調書中被告は明治四十年一、二月頃より社会主義の雑誌書籍等を読み、其の後大石方に出入りして同主義の研究を為し、明治四十一年夏赤旗事件の起こりし以来、無政府共産主義を奉ずるに至りたり。無政府主義の目的は、治者被治者の関係を否認し、社会の各階級を打破し、無政府の状態と為すに在るを以て、この目的を達するには皇室を倒し、政府を覆し、富豪の財を奪うが如き手段を採ること勿論ならん」

「同年七月頃、幸徳伝次郎が出京の途次大石を訪問したり、其の際幸徳は被告等に対し、近来政府の社会主義者に対する迫害甚だしく、最早直接行動に拠るるべきの時代にして、筆や口を以て伝道し得べき時代にあらずと説き、大石も亦《また》之に和して、実に直接行動を取るべきの時機なりと申し居たり。尚、幸徳は其の際浄泉寺に開きたる談話会の席に於いて凡《およ》そ社会の崩壊するは其の原因経済状態にあり、現今日本の経済状態を見るに貧富の懸隔最も甚だしきを以て共産主義を実行するには適当の時機なりと説明したり」

「被告〔節堂〕は幸徳の言語態度が頗る悲壮なりし為め、大いに感動し益々無政府主義を確信するに至りたり。明治四十二年一月頃、大石の招致により同人方に行きたるに成石平四郎、髙木顕明、﨑久保誓一も来集せり。大石は裏座敷の二階に於いて被告等に向かい、先般出京の際、幸徳は自分に対し、近来政府の迫害甚だしく、到底このままに捨置くべきことにあらず、殊に病気がちにて長く余命を保ち得べき見込みなきを以て同じく死するものなれば、一身を主義の犠牲に供したき考えなり。今決死の士三、四十人もあらば、爆裂弾を造り、大逆罪を犯し、諸官衙《かんが》を焼き払い、大臣を暗殺し、貧民を集めて富豪の財を略奪せしめ得べし。紀州には決死の同志なきやと問われたるを以て、自分は四、五人あるべき旨答え置きたり。就いては諸君の一考を煩わすと申し出たるを以て吾々は何れも大石の勧誘に応じ、革命計画の実行員たることを承諾したり。尚幸徳は皇居は警戒厳重なるを以て皇族一人にても斃《たお》すことを得れば満足せざるべからずと申したる旨大石が話したる様に記憶する旨の供述」

節堂に関係したところはこれだけである。つまり糾問、強問で無理やり作った聴取書、予審調書といった供述だけで死刑にされたわけである。供述を立証するものは何もないが、社会主義や無政府主義の匂いを嗅いだだけ、あるいは傍《そば》に寄っただけでも大逆罪に問えば、社会主義を根絶できるという国家の思想がここにはっきり読み取れる。武富が節堂を追い詰める際にいみじくも言ったように、検事も予審判事も節堂が大逆など出来るわけがないと知っていた。同時に彼が管野須賀子のような勁草《けいそう》の人ではなく、きわめて弱いこともよく分かっていた。だからこそ国家にとって不都合な思想を潰すためには、節堂は大逆罪で問うには相応しい標的であった。それは熊野の六人に限っていえば、顕明や﨑久保、また平四郎にも当てはまった。節堂が社会主義を一番早く止めたという訴えは、国家には全く関係がなかったのである。被告らの自由な陳述は、何一つ生かされなかった。「大逆事件」とその裁判は、思想殺しの、何とも残酷な事件であり、恐ろしい判決だった。

国家の意図をしみ込ませた大審院判決に節堂が気づいたかどうかは分からない。むしろ彼は判決理由を聞きながら、自身を追い込んだ場面に、敬愛していたにちがいない大石がキーマンのように介在していたことのほうがひっかかったかもしれない。これはすでに予審調書にもちらちら出ていたことではあったのだが。後にそれが彼の中で発酵し、やや異形な形で奔出する。

節堂は判決後、独房で母や慶吉らに別れの手紙を認《したた》めた。現物は残っていないが、慶吉が後にその内容を明らかにしている（「なつかし記」（七）『紀南新聞』一九五八年三月一二日）。前に記したように慶吉はその時、和歌山の第六一連隊にいたので、連隊宛に届いたのだろう。

「私へのものは毛筆で墨のうすい一見して寒ざむとした感じのハガキ一枚、それにも成るべく私を子供扱いをして事件外へ置こうと努めている心持ちが読めるのであった」と慶吉は前置きして節堂の最後のはがきの内容を紹介している。

「或る事件で死を賜った、ことここに至って今更何をか言わん、軍隊を無事満期除隊して新宮へ帰ったら、どうか僕の分と二人分の孝行をして呉れ、母は気の毒なひとだから」

慶吉は兄のはがきを読んで「中隊の便所へかくれて泣いた。一日ぼう然とただうろうろして何も手につかなかった」と回顧している。

節堂は判決の翌一九日に沖野にはがきを出している(消印、二一日付。本章扉写真)。

「拝啓　昨十八日遂に死刑の宣告をうけました。私は今親鸞聖人を通じて如来の子として頂きました。如来の膝下《しっか》に帰るの信仰をもっております。人間の小智小見、凡慮浅識を以て万事皆不可解なり。人間は到底不完全、殊に私自身は頗るアサマシキ者なりの自覚を生ぜざるを得ざるに至りました。大兄健在にておわせ。さらば」(沖野岩三郎文庫)

節堂は絶望の底まで抜けてしまったのか。自力の禅宗から他力の浄土真宗に転宗したのか。死刑判決後の節堂の様子を教誨師沼波《ぬなみ》政憲から聞かされた須賀子はこんな感想を書き留めている(「死出の道艸」)。

「夕方沼波教誨師が見える。相被告の峯尾が死刑の宣告を受けて初めて他力の信仰の有難味がわかったと言っていささかも不安の様が見えぬのに感心したという話がある。そして私にも宗教上の慰安を得よと勧められる。私は此上安心の仕様はありませんと答える。絶対に権威を認めない無政府主義者が、死と当面したからと言って、遽《にわ》かに彌陀という一の権威に縋《すが》って、初〔初〕めて安心を得るというのはいささか滑稽に感じられる」

須賀子も法的には無実だったが、節堂とは異なって自覚的で覚悟を持った見事な無政府主義者だった。教誨師の沼波は真宗大谷派の僧侶だったから、節堂が影響を受けたのかもしれない。節堂はしかし、沖野の『生を賭して』の「M、Sと私との関係」にもあるように、事件に巻き込まれる前から宗教者として親鸞に惹かれるところがあった。だから宗教者としてずっと抱えていた宗教的な迷いだったのが、不条理で理不尽な死刑の宣告を受けて他力へと疾走したのかもしれない。

判決の言い渡しの後、夕方四時から大審院の一室で裁判官、予審判事、検事らが集まって慰労会が開かれ酒杯を交わし、捜査の苦労話や手柄話に花が咲いたという（森長『禄亭大石誠之助』）。国家とは何と残酷なのか。その席に平沼はいたにちがいないが、元老・山縣有朋はいただろうか。あるいは首相・桂太郎はどうだったか。

沖野に「さらば」と書いた一九日の夜遅く、節堂ら一二人が天皇の恩命で無期に減刑されることが伝えられた（特赦）。死の淵からの生還がどれほど嬉しかったか。そのときの安堵と喜びを節堂は減刑直後にはどこにも書いていないが、後で見るように獄中記の中で感激と感謝の気持ちを熱っぽく記している。戦後再審請求をした坂本清馬は、無期減刑を知らされたその瞬間を思い出して後年、正直に回想している。

「〔一九日〕夜九時頃、いつもはガチャガチャ音をたてて来る看守が、そおっとやって来て扉を開け「ちょいと来い」と小さな声で言った。私はハッと思った。もう殺されるのか……。私はあわてて、散らばった原稿用紙を揃えて片付けた。部屋を出て下に行くと、﨑久保に出会った。「あいつも殺されるのか」と思った。﨑久保のあとになって歩いて行くと、典獄室に入った。その時、もしやというもう一つの期待も、僅《わず》かに胸を横切った。ここで特赦により死を免れた事を知った。助かったのだ。命だけはとにかく助かった。私は涙を流した」（坂本『大逆事件を生きる』）

坂本は髙木顕明、﨑久保誓一、飛松與次郎と同じく秋田監獄へ送られたが、すでに獄中で再審請求を考える。

無期減刑に騙《だま》されなかったのが、坂本と同じ高知出身で神戸在住だった小松丑治である。彼は、森近運平と同じで絶対に無罪だと信じていたから、死刑判決に驚愕した。一転特赦で救われたが、それが無罪でも無実でもなく、刑法第七三条違反の有罪が生きていることを知っていた。彼はだから、担当弁護人だった今村、花井、磯部の三弁護士宛の礼状の中で書いている。

「七十三条の冤はいかにも残念に存じ候（中略）この度の事件は各被告人の陳述に於いて犯罪を作せし様に相成りえども、完くの冤罪にて、呉々も遺憾の極みに御座候」（一九一一年一月二一日）

小松は国家犯罪だと見抜き、冤罪だと知っていた。彼は、武田九平、岡林寅松、岡本頴一郎、成石勘三郎、三浦安太郎とともに長崎監獄へ護送された。一九三一年仮出獄した小松は妻のはると辛酸を嘗《な》めながら戦時下を生きたが、日本の敗戦直後の一九四五年一〇月四日、GHQが日本政府に治安維持法の廃止などをつきつけたその日に栄養失調で死去した。無念だったろう。生きながらえていれば、間違いなく再審請求に加わっただろう。

須賀子が「恩命」による減刑があったことを知らされたのは二三日で、田中一雄教務所長からだったと「死出の道艸」に書いている。田中は鍛冶橋監獄の時代から一一年以上も死刑囚の教誨師をしており、神道大成教に属していたが一九〇三年に浄土真宗本願寺派の僧籍に入った(『教誨百年』上)。須賀子は減刑の報に素直に喜び、かつ瀬戸際で命を取り止められた人たちの気持ちを優しさで包むように書き記しているが、あけすけな国家の意図を鋭く見抜いていた。

「田中教務所長から相被告の死刑囚が半数以上助けられたという話を聞く。多分一等を減じられて無期にされたのであろう。あの無法な判決だもの、そのくらいの事は当然だと思うが、何にしてもまあ嬉しい事である。誰々か知らないが、何れ極めて関係の薄い、私が無罪と信じて居た人たちであろう。たとえ無理でも無法でも兎に角一旦死刑の宣告を受けた人が、意外に助けられた嬉しさは如何ほどであったろうと察しられる。一旦ひどい宣告を下して置いて、特に陛下の思召によってと言うような勿体ぶった減刑をする――国民に対し外国に対し、恩威並び見せるという、抜け目のないやり方は、感心と言おうか狡獪《こうかい》と言おうか」

節堂ら一二人がなぜ「恩命」で減刑され無期になったのかは現在もその理由は明らかではない。教誨師の沼波が後に日本犯罪学会の市場《いちば》学而《がくじ》郎《ろう》に語った記録(今村「芻言」『幸徳秋水全集』別巻1所収)にも触れられていない。田中教務所長には、教誨師として接した死刑囚一一三人について書き留めた『死刑囚の記録　田中一雄手記』(前坂『近代犯罪資料叢書』7所収)がある。その中で田中は死刑を宣告された節堂を含む一二人の出身地・名前・職業・生年を記した後に、「以上十二名、刑法第七十三条に依り死刑の宣告を受けしも、特旨を以て死一等を減ぜられ、無期懲役に処せらるる」と書いているが、それだけで理由も彼の感想なども一切記されていない。*

敗戦から間もなく、銀座にあった人民社の金庫に収められていた「死出の道艸」など多くの獄中記を、社長・佐和慶太郎から入手していた神崎清は一二人の無期減刑について「元老山縣有朋の献策」ではないかと推測している(神崎『大逆事件記録』第1巻「新編獄中手記」)。

節堂は、熊本の即生寺の二男だった佐々木道元、有期刑一一年の新田融、八年の新村善兵衛とともに千葉監獄へ送られた。節堂は無実だと確信はしていただろうが、坂本や小松のように作られた国家犯罪の冤罪だから再審請求をしなければとは考えてはいなかった。諦観か、宗教観からなのか、それとも天皇の「恩命」で助かったことで十分と思ってしまったのか。

無期にならなかった奥宮健之、大石誠之助、幸徳秋水、内山愚童、宮下太吉、新美卯一郎、松尾卯一太、森近運平、成石平四郎、古河力作、新村忠雄の一一人は二四日に、管野須賀子は二五日にそれぞれ刑を執行されてしまった。判決からわずか一週間である。すでにアメリカ、フランスなどから批判が起きていたから、それらを封じるためでもあったが、一二人を長く存命させておけばどこから国家犯罪の真相が漏れるか分からない。早くに彼らの肉体もろとも灰にしてしまおうという国家権力の酷薄さと浅ましさだったのだが、歴史を現在と過去を対話しながら摑む人がゼロにならない限りは、真相がいつまでも闇の中には留まっていることはない。

「大逆事件」では裁判官も被告らの尊厳を踏みしだいたことに荷担したのだが、戦後の司法はこの事実をどう受け止めてきたのだろう。坂本清馬と森近栄子の再審請求の棄却が一つの応答なのだが、その後はどうなのか。二〇〇八年に退官した第一六代最高裁長官の島田仁郎《にろう》が夏樹静子との対談で「裁判官のOBとして、この裁判はいわば負の遺産です」と前置きしてこんな認識を語っている（夏樹『裁判百年史ものがたり』）。

「大逆事件は、当時の刑事裁判制度が抱えていた問題点が全て出ています。捜査における拷問などの人権侵害、予審による職権的、糾問的な手続、広範囲にわたる裁判の非公開、計画・謀議をも処罰対象にする刑法のあり方など、制度的な問題が全てあらわれている」

これが裁判官の共通の「大逆事件」観なら、やはり無から有を作った「横浜事件」（評論家・細川嘉六の出版記念飲食会が共産党再建準備会と神奈川県特高にでっち上げられ、六〇人以上の編集者や研究者らが治安維持法違反容疑で次々検挙され、有罪になった戦時下最大の思想・表現弾圧事件）のように再審請求を追求し続ければ、再審のドアは開き「無実という真実」を法の上でも得られる可能性がある。島田元最高裁長官はしかし、「現代ではありえないようなことと」と、戦後の深刻な冤罪事件を忘れてしまったかのように話し、さらに「こういう裁判があったことを、忘れてはいけないし、いつでも反省材料にしなくてはいけません」と、「大逆事件」を結局、過去の「教訓の箱」の中にしまってしまうのである。

再び一九一一年冬にもどる。

二人の刑死者を出した熊野では町全体が「恐懼《きょうく》」に覆われ、その空気はあたかも基調低音のように戦後も長く続く。その中で町内の大石の妻子と高木の妻子は、それぞれ新宮に居たたまれず、追われるように去っていった。節堂についての報道はほとんどないが、『紀伊毎日新聞』の一月二六日付で母の話が伝えられてある。

「今回死刑を言渡され次で無期徒刑となりしと伝えられて聖恩の有難きに感泣し居る次第なり。

節堂も近く女房を迎えんとし居たるに、今回の事にて破談となり、今は世間に対し面目なく、大石だになかりしならば伜《せがれ》もかかる事にはなるまじきと日々嘆き居るなり」

母は最愛の息子の死刑判決―無期減刑にこれ以上のことは言えなかった。不思議なのは、節堂がこれから結婚する予定で、それが壊れてしまったと記者に話していることだ。清閑院での結婚式には母も出席していたにもかかわらず、彼女がそう言ったのはなぜだろう。

それから二カ月ほどして、堺利彦が京都府・須知の資産家の岩崎革也の援助で被害者慰問の旅に出た。三月末日から京都、岡山、熊本、高知、兵庫、大阪の家族宅を回り、新宮に入ったのは五月三日だった。警察の尾行がずっと付き、誰と会い、どんな慰問をしたかが細かく記録されている。堺は誠之助の妻ゑいを弔問し、南谷の誠之助の墓に参り、その後で浄泉寺の顕明の妻を慰問している。節堂の母うたには、ゑいの案内で慰問している。そのときうたが堺に訴えるように話したことばを官憲がメモしている。「節堂を大逆事件に引きずり込んだのは大石さんです。大石さんも節堂を引き入れてひどい。何とか助ける方法がないでしょうか。でも大石先生は立派な方で、大きな方なんです」(『続・現代史資料Ⅰ　社会主義沿革1』要旨)。節堂母子にとって、大石の存在は何とも複雑だったのだろう。

節堂 追放

一二人が処刑され、一四人が三つの監獄に送られていっても「大逆事件」に終わりはない。

峯尾節堂は臨済宗妙心寺派の前堂職の僧侶だった。開基が花園天皇の妙心寺は当時、臨済宗の総本山と自負するほど隆盛を極め、世評も高かった。

事件の起きる一年前の一九〇九（明治四二）年四月三日から一三日まで執行された開祖・関山慧玄《かんざんえげん》の五五〇年大遠諱《だいおんき》に際し、明治天皇から開祖に「無相大師《むそうたいし》」の諡号《しごう》が贈られていた。それまで六回の諡号はすべて「国師」で、「大師」は初めてだった。それが同派にとってどれほどの栄誉だったか。

「妙心寺は臨済宗の総本山なりと仮称する程に世上の注目を惹くに至りしは、偏《ひとえ》に吾派開祖の遺徳余光が五百五十年の今日に至りて益々其光輝を煥発《かんぱつ》せしものにして、此の際たまたま大師号の宣《せん》下《げ》ありしは開祖の道光を具体的に世上に発揚せしものとす（中略）吾派の僧侶は戒心恐懼する所ありて須《すべから》く開祖の心を以て心と為し、いよいよ益々布教伝道の本務に尽瘁《じんすい》せざるべからず」（同派機関誌『正法輪』第二六八号）。

同派はこのころ「慶事」の後に大きな事業を抱えていた。宗門立の花園学院高等部の修業年限を四カ年に延長し、臨済宗大学を一九一一年に設立する計画が進んでいたのである。そのために文部省（現・文部科学省）との折衝が頻繁に行われていた。

この二つの大きな出来事の前後に節堂が大逆罪で検挙、起訴されたのである。本山は仰天、青ざめ、慌てふためいた。「陛下から賜った大師号」の返上を命じられるのではないか。不安が大きくなった。大学設立も危うくなるのではないか。その困惑ぶりについて管長を補佐する高僧の執事長が機関誌で述べている。

「今回の陰謀事件に付き、其の連累者の中に本派の僧籍に在りし者の介在し居りしは、洵《まこと》に本派の不幸にして千秋の恨事なり。此の事件の起こりしに付いては、管長猊下《げいか》始め我々職員は大いに憂慮せしところにして、この際如何なる態度を以て之に処せんかに付いては非常の苦心を為せり」(『正法輪』第二八三号)

「護国興禅」が立教の柱であった同派に国家を疑う余地は寸分もなかった。節堂の「大逆謀叛」を事実として受け止め、一九一〇年一一月一四日、妙心寺派は、公判開始の一カ月近く前に節堂を一刀両断で処分した。節堂の僧籍を剝奪し、宗派から追放する擯斥《ひんせき》にしたのである。死刑判決の出る前に節堂は、本山に極刑に処せられた。彼は国家と、国家に則した教団によって二重に「死刑」判決を受けたようなものだった。

「大逆事件」では節堂の他に真宗大谷派の高木顕明、曹洞宗の内山愚童の二僧侶が問われた。愚童については、「大逆事件」の前に『無政府共産』などに関わる出版法違反と、箱根・林泉寺の家宅捜索で、静岡の坑夫を宿泊させた際に預かったダイナマイトが見つかり、爆発物取締罰則違反に問われ、一九一〇年四月に東京控訴院で七年の刑が確定した。有罪判決の確定で曹洞宗は愚童を六月に擯斥処分にしている。顕明に関しては「大逆事件」で拘引された後に、住職を辞めさせる差免という処分があり、一月一八日の死刑判決の出た直後に擯斥にした。曹洞宗も大谷派もそれぞれ、処分とその事由を宗派の機関誌で公表していた。

懲戒　六月二一日
神奈川県足柄郡温泉村林泉寺前住職　内山愚童

出版法違反及爆発物取締罰則違反ニ依リ処刑ヲ受ケタルニ付宗内擯斥
〔前住職というのは、一九〇九年七月六日付で依願免住職になっているからである〕
（『宗報』第三二七号（一九一〇年八月一日））

賞罰　一月一八日
和歌山県東牟婁郡新宮町浄泉寺旧住職　髙木顕明
其ノ方儀　二諦《にたいそうえ》相依ノ宗門ニ僧籍ヲ列シナガラ僧侶ノ本分ヲ顧ミス　幸徳傳次郎等ガ首唱セル極端ナル社会共産主義ニ附和シ国家未曽有ノ大陰謀ニ加ワリ　大審院ニ於テ本月十八日同類者二十余名ト共ニ死刑ノ宣告ヲ受ケタルコト事実明瞭ナリ　右ハ黜罰《ちゅつばつ》例施行細則第三十六条第七項ニ該当スル非違ナルを以テ宗制寺法第八十七条第一項ニ拠リ擯斥ニ処ス
（『宗報』第一一二号（一九一一年一月二五日））

曹洞宗、大谷派とも有罪判決が処分の理由だと宗派内に明らかにしていた。とくに大谷派の場合は、宗派の法制の根拠も細かに明示して説明している。顕明も「大逆事件」に連座したことが処分の事由にされたのだが、本山はその事実を機関誌で宗派の各寺院に伝えていた。
　妙心寺派が公判も始まっていない段階で節堂を慌てて擯斥処分にしたのはなぜか。処分した事実と妙心寺派の法的根拠は、大谷派のように機関誌で明らかにされていない。同派の人権擁護推進本部で確認したところ、機関誌では法的根拠を明らかにした処分の事実については伝えていなかった。

機関誌『正法輪』（第二八三号）に掲載されている「興禅護国」と題した執事長の講演では、こう述べられている。

「明治四十三年十一月十四日を以て、彼の行為は本派の極刑に問うべきものと為し、直ちに擯斥に処した」

これだけである。ここでは処分の宗内の法的根拠は何も語られていない。「彼の行為は本派の極刑に問うべきもの」というのが根拠だとすれば、宗派の法制は根拠になっていないことになる。機関誌ではこれ以外に節堂の処分についいては何も明示されていない。処分の根拠が不明確なまま、慌てて擯斥にしたのが実態だったのである。

同派発行の『大逆事件に連座した峰尾節堂の復権にむけて』でもそのあたりの事情が確認できなかったようで、ほぼこう推測している。「無相大師」の諡号と臨済宗大学設置の二つのことが絡み合い、節堂の刑が決まる前に先手を打ち、宮内省や内務省、そして文部省の心証を良くしておかねばならないと考え、節堂は教団とは一切関わりがないことを一日でも早く明らかにしておこうとした、そういう必然があったのではないか――と。ことに大学設立の「大事な時期に、皇室に弓を引くような事件の関係者である僧侶が本派から出たということだけで、認可申請に大いに影響し、障害になると考えたとしても無理なことではない」と断定ぎみに記している。そこから踏み込んで当時の教団の処置を手厳しく批判している。

「本派教団がなりふりかまわず彼を切り捨て、峰尾一個人の責任に帰し、あとは我々の関知せざるところであるとし、教団としての免責を得ようとしたもの」

これは九〇年近い後の認識である。

執事長の講演録を掲載している『正法輪』第二八三号の第一頁には、当時の豊田《とよだ》毒湛《どくたん》管長の「明治四四年一月一三日」付の「宣示」が出ている。

「我国に於ける臨済宗立教開示の要旨は興禅護国に在り。是の故に本宗一般寺院の本尊前には、今上天皇陛下聖寿万歳の尊牌《そんぱい》を奉安し国家鎮護の道場たることを表示し」で始まっている「宣示」には、節堂処分の宗派の「思想的背景」が読み取れる。大逆罪に問われた節堂はだから、「興禅護国」「尽忠報国」にもとるのだった。擯斥処分の根拠は、宗派の法制ではなく、いわば宗派の思想が背景にあった。天皇の国家が絶対だったから、宗教者として悩みながら歩き、当時の初期社会主義の柱でもあった自由・平等・博愛の思想に触れた節堂という個性を許さなかった、そうした若者を想像しようともしなかったのが当時の教団であった。節堂の復権のための調査をしたメンバーの一人、和歌山県・白浜の観福寺の足助重賢和尚に、公判が始まる前の処分の早さについて私は、天皇を開基とする教団の歴史的な背景があったのではないかと推測をまじえて問うてみた。足助和尚は私の推測を否定しなかった。

「こういう事件に対しては非常に敏感で、処分を早くした一番大きな理由がそこのところにあったのではないかと思います」という。いわば超法規の処分ですね、と問うと「まあそうですね。畏《おそ》れおおいというか……」。

「大逆事件」での死刑を知って「政府の謀殺暗殺！」「陰険なる政府の仕方よ」と、家の中で声を出して瞋恚をむき出しにした徳冨蘆花が一九一一年二月一日午後、第一高等学校で講演した、反語などでまぶさず、真っ直ぐに政府を批判した「謀叛論」は今ではよく知られている。彼は講演の終わりに近いところで、仏教教団を激しく批判していた。

「管下の末寺から逆徒が出たといっては、大狼狽で破門したり僧籍を剝いだり、恐れ入り奉るとは上書しても、御慈悲と一句書いたものがないとは、何という情ないことか」

妙心寺派だけに向けられた矢ではないにしても、花園の本山は蘆花のことばに耳を傾けただろうか。

擯斥処分は、節堂に伝えられたのだろうか。私はこの点がとても気になった。彼の書き残した獄中記録には、まったく記されていない。本山からは伝えられなかったのだろうか。妙心寺派宗務本所教学部では、それについては把握していなかった。自派の僧侶の僧籍を剝奪するという極刑の処分をしたにもかかわらず、その事実を知らせなかったとすれば、そこでも立教の精神の前に節堂の尊厳は踏みしだかれたことになりはしないか。とにかく厄介払いをしておしまいだったのだろうか。

しかし「大逆事件」も節堂にも幕は下りない。

＊『近代犯罪資料叢書』7に収録されている田中一雄の「死刑囚の記録」の存在を知ったのは、『日本のイノセンス・プロジェクトをめざして　年報・死刑廃止2010』(年報・死刑廃止編集委員会編、インパクト出版会)に収められている池田浩士氏の「『故田中一雄手記　死刑囚の記録』を読む」によってだった。池田氏は、原本はガリ版刷りの上下二冊で、出版年月も不明だと記している。私は、原本は未見である。

第5章　後に託した節堂の思い

峯尾節堂の母うた(撮影年不明，正木義子氏所蔵)

ノブヱのその後

「お祖母ちゃんから節堂さんのこと聞いたことがありますかって？　それは、ありません。そら、まあ、あああゆう事件やったしね……」

龍神ノブヱの孫になる大谷令子さんは屈託がない。大谷さんから見れば、節堂は縁があるような、ないような、そんな曖昧な存在なのだろう。それでも大谷さんは、節堂の名を知り、実は拙著『大逆事件　死と生の群像』も読んでいた。仲原清とその家族らがノブヱをことのほか大事にしていたからでもあるだろう。ノブヱはしかし、実際に節堂のことをどう思っていたのだろう。ほんのわずかであっても、一度は彼と一緒に暮らしたはずなのだから。大谷さんから聞くかぎり龍神ノブヱには節堂の姿が見えない。

「ほんでも私は、母からお祖母ちゃんと節堂さんが許婚やったということを聞いてましたし、それに自分のこと熊野小町って言われてという話を母には話してたんやからね。私、もっと母に聞いといたら良かったわ」。令子さんは悔みを滲ませた口吻だったが、ノブヱは二男の連れ合いで、令子さんの母の和子(二〇一二年死去)には、節堂とのことなどをいくらかは話していたのだ。それは問われてというより、問わず語りだったのだろう。

節堂は囚われてからは、龍神ノブヱとの結婚については弁護士には伝えたが、検事や予審判事には語っていない。新宮警察署に連行され、そこから田辺警察署へ移される際に、母のうたは駆けつけたが、そこにいるべきノブヱの姿が見えない。節堂が獄中から手紙やはがきを出してはいないようだし、ノブヱからも獄中へは来信はなさそうだ。そんなことがあるだろうか。結婚したのは事実だが、もしかしたら一緒に住む間がなかったのではないか。そんな疑問が私を捉える。そういえば、節堂は新宮警察署に拘引された当時、家を建築中だったというから、ノブヱはまだ川奥の赤木に留まったままだったかもしれない。

節堂の弟の慶吉はそのあたりの事情には触れずに、インタビューで兄の結婚とその後のことについて語っている（「兄、節堂と大石さんのこと」『熊野誌』第六号）。

「兄貴がつれて行かれるときは、ちょっと大石さんのことを聞きたいと云ってつれて行った。それで兄貴は向こう〔田辺警察署、東京の予審廷？〕へ行って結婚のことは云わなかった。新婚の奥さんに迷惑をかけますから、一口も云わなんだ。殺されるか、一生帰れんのだから若い婦人が再婚せんならんときのためだったのです」

慶吉がこう語ったのは節堂の死刑判決から半世紀後の一九六一年、再審請求が起された年である。兄の追憶の中での慶吉の語りは、後知恵に染まって少し混線している。節堂が新宮警察署へ引き立てられて行った時点では、彼はまだ帰ってこられると思っていた。田辺警察署で武富検事に糾問されている時も帰れると期待していたし、予審が終わるまでは新宮へもどれるという思いは捨てていない。新婚早々の一五歳のノブヱに心配かけたくない、迷惑をかけたくない気持ちはあったにはちがいないが、果たして彼女の再婚のことまでこの時に考えただろうか。

母のうたが新宮警察署へ節堂を送りに行ったときに、ノブヱと一緒に暮らしていたならば、新妻のノブヱは一緒に行くと言ったにちがいない。それを母が止めたことは考えられるが、どうもこのあたりは腑に落ちない。節堂が帰宅できずにそのまま東京へ拘引されてからは、深刻な事態を知った節堂のほうから手紙を出して、ノブヱに実家に帰るようにと伝えたにしても。

合点の行かないところがまだある。節堂が死刑判決を受けて無期に減刑された後で、うたが地元の新聞記者に息子は結婚間際で事件のために破談になったと語っていることだ。「大逆犯の妻」という批判、レッテルを貼られることからノブヱを守るために、彼女の将来を心配した獄中の節堂が母にそのように伝えていたのだろうか。あるいは母のうたの機転で若い彼女を守ろうとして、破談と言ったのかもしれない。

たしかにほんの一瞬でも「逆徒の妻」という声が一五歳の少女の妻に届けば、彼女は怯え、針の筵に座らされたような思いになるだろう。舞い上がるような気分で「許婚」の若き僧侶と一緒になり、幸せのど真ん中にいた彼女は予想もしない、信じられない事件で真っ暗な谷底へ突き落されてしまった。少女はとても一人では「冬の時代」の烈風には耐えられないだろう。十分に想像できることだ。ただ私には、先の疑問もふくめてどうも節堂のノブヱへの感情が淡泊すぎる、熱くないような気がしてならない。「大逆事件」で囚われた他の被害者の家族に宛てた書簡、とりわけ妻へのそれを読むとどれも熱い感情に溢れていて、心揺さぶられ、胸塞がれる。熱く肌を重ね合わせた新婚早々なら、いっそう妻への想いは切なかったろう。人にはむろん、感情の面でも個人差があるので一概には言えないとしても。

節堂の感情はさておき、「事件」後のノブヱの周囲の人たちは、懸命に幼い少女を守ろうとした。ノブヱの生い立ちからすれば、「逆徒の妻」という町民の矢が届かぬように彼女の兄たち、北畠宗謙、福田福重が、さらにはノブヱの養母の龍神たみらが必死になって動いたのではないか。

清蔵寺の白井和尚がややドラマふうに推測したように、宗謙の養父が住職をしていた山深い小口の同寺に「匿《かくま》った」かもしれないが、私は宝泉寺の仲原和尚が断定的に推測した「彼女は赤木で育ったのですから、やはり宝泉寺で預かったと思いますよ」がすとんと胸に落ちた。だが、預かる、それだけではなかった。彼女を熊野の地、赤木から早く引き離したほうがいいのではないか――。

ノブヱの「再婚」を語る「記念写真」(第1章三四ページ)の撮影時期は「大正元年八月」、すなわち節堂が囚われて二年後、判決からだと一年半ほどだ。仲原さんが持っていた資料によれば結婚の届けは一九一三年一二月だが、そのころは今よりゆるやかで結婚したからといってすぐに役所には届けなかったから、ノブヱは「記念写真」の時点ではすでに「再婚」していたと見ていいのではないか。夫は和歌山市生まれの大井令圓《りようえん》で、龍神ノブヱの婿養子になっている。令圓は臨済宗の僧籍を持っていたという。

「お祖母ちゃんとお祖父ちゃんは従兄弟同士なんです」。大谷さんはそう言って、仲原和尚が見せてくれたのと同じ龍神家の家系図を広げた。非常に込み入っていて、解読に手こずりそうだったが、彼女の詳しい説明で、ノブヱの養母の龍神たみの弟で臨済宗僧侶の令轍(和尚)の二男が令圓だと分かった。なるほど。ノブヱは「再婚」して赤木を出て、串本の向かいの大島へ行き、その後に大阪・鶴橋へと転居し、さらに令圓が修行したと思われる、京都・東福寺の塔頭の一つ永明院《ようめいいん》で暮らしていたという。そこから姫路の地福寺《ちふくじ》という檀家のいない寺に移り、大谷さんは夏休みなどにそこへよく遊びに行ったのである。

「東福寺にいるときに、北畠宗謙さんの子どもの喜子さんと妹さんの寿子《ひさこ》さんを預かっていたそうです。戦争中で二人とも京都大丸に勤めてはって、喜子さんは慰問袋を戦地に送って、それがきっかけで仲原清さんと熱烈な恋愛をしたんやと聞いてます。お祖母ちゃんはね、東福寺時代がいちばん楽しかったってゆうてたのをよう聞きました」

宗謙の末娘の典子《つねこ》さん（二〇一七年一一月死去）が東福寺へよく遊びに行ったという、取材の中で人づてに教えられた話がやっと了解できた。仲原和尚が「うちの両親は、なぜかノブヱさんを大事にしてね」と不思議がった、小さなナゾの背景も納得できた。仲原夫妻とノブヱを含む龍神の家族との濃密な交際を語る手紙やはがきもかなりの数になる。

話が先に進み過ぎたが、事件後すぐにノブヱが従兄弟と結婚し、赤木を出ていることから、私は大谷さんに推測をまじえて訊いてみた。

――ノブヱさんが宝泉寺に匿われていて、養母のたみさんやお兄さんの北畠さん、福田さんらが少しでも早く赤木から脱出させたいという思いがあって、結婚を急がせて従兄弟同士になったのではないでしょうか？

「そうやと思いますわ」

大谷さんは、あっさり同意した。千葉監獄にいた節堂は、ノブヱの「再婚」はむろん知らなかったろう。

「峯尾さんの家族とのつきあいはもともとなかったみたいやしね」

ノブヱは「再婚」後、家の中でも対外的にもすべて「信枝」に変えている。正式な改名ではないが、彼女自身も影のようについていた「大逆事件」を取ろうとしたのだろうか。大谷さんは「私は、お祖母ちゃんには大逆事件の影響はないと思いますけど」というのだが。

仲原和尚を二度目に訪ねたとき、小さな写真を二枚見せてもらった。二枚ともノブヱが新宮へ来て、宗謙の妻や仲原和尚の妹と火鉢を囲んで談笑している場面である。ノブヱのにこやかな横顔がとてもいい。何時《いつ》だろう。大谷さんに見てもらったところ、「お祖母ちゃんはずっと、赤木に帰りたい、赤木に帰りたいとゆうてたようで、それがきっと実現したときやと思います」という。一九七七年の一一月で、仲原清も存命していた。実に六五年か六六年ぶりの故郷だった。「大逆事件」がなければ、赤木を離れることもなかったかもしれないと思わざるを得ない。写真はないが、赤木の宝泉寺にも行っている。「老母をつれての熊野行事無事に念願をはたして帰りました。すむ人もなく荒廃している宝泉寺を訪ね、今更のように年代の推移を感じました」。ノブヱの里帰りを実現させた長男が弟に報告したはがきである。仲原和尚が東京からもどる三年ばかり前である。

「お祖母ちゃん、このとき同級生にも会《お》うたってゆうてたのを聞いたことがあります。そのとき、あんたのこと好きやったと同級生に言われたんですって、アハハ」。大谷さんは写真を見ながら、赤木から帰ってきた祖母に頼まれて礼状を書かされたことを思い出す。

龍神ノブヱが奈良・斑鳩《いかるが》町の長男の家で亡くなったのは一九八四年四月八日、「老衰でした」。享年八八歳だった。彼女の波乱に満ちた生涯が幸せだったかどうかは分からないが、ノブヱが意識していなくても、いや意識していたかもしれないが、「大逆事件」の大きな渦流に巻き込まれた事実は忘れまい。

ややノブヱのその後に入り過ぎ、遠くまで来てしまった。

大石観の悲哀

峯尾節堂は語るに難い人である。節堂について調べた仲原清は、節堂が検事の聴取などで助かりたい一心から弱さを暴露し、弁護士への「覚書」でも無様な姿をさらけ出して、熊野の他の被害者には「みられない側面をたびたび露出している」と、その「変節ぶり」を批判している。仲原がとりわけ耐えがたいと思うのは、節堂の今村弁護士らへの「覚書」である。

社会主義に覚醒した自らを足蹴にし、弁護士に縋《すが》っている様は「彼の心の推移とこの転向の事実を、いのち綱のようにしっかりと握り心底から呻いている姿はあわれ深い」と哀しみ、「醜悪」とまで酷評している(「峰尾節堂覚え書 十二」『熊野商工新聞』一九七〇年一月一五日)。仲原は峯尾節堂に関する連載を続けるはずだったのに、突然のように一一回で打ち切ってしまったのは、あるいは節堂に嫌気がさしたのが理由だったのかもしれない。

すでに第4章で詳細に追ったように私も、最初に節堂の「覚書」を読んだときには、仲原とほとんど同じように受け止め、正直うんざりした。なんと根性のない、覚悟もない、だらしない男かと思った。だが何度か読み、彼の語ったことばを「大逆事件」という国家犯罪の文脈の中に置いてみると、とてつもない事件に取り込まれてしまってもがくひ弱な人間の姿が浮かび上がり、国家はそういう人物をよく知って、利用したと感じないわけにはいかなかった。そこに、実は「大逆事件」のすさまじい人間冒瀆の真相がある。彼のような弱い人間を批判するだけでは、かえって国家権力の犯罪性が遠のき、国家の暴力性といやらしさが見えなくなってしまう。

それにしても、たしかに節堂の揺れ幅は大きい。佐藤春夫記念館館長の辻本雄一さんも節堂の扱いに悩んだ一人である。辻本さんには著書『熊野・新宮の「大逆事件」前後』がある。三〇年以上前からさまざまな媒体に発表してきた熊野・新宮の「大逆事件」を多角的に縦横に捉えきった優れた作品集で、これ一冊で熊野の「大逆事件」がつかみ取れ、熊野の事件研究の到達点である。その中に辻本さんが収録しようかどうか迷った末に結局、見送った一編があった。「「大逆事件」の犠牲者　峯尾節堂の振幅」（『燔祭』第四〇号（一九九一年三月））である。節堂の振幅の大きさに辻本さんは、扱いかねたのだ。

仲原をして「錯乱」（『幸徳秋水全集』別巻2月報）とまで言わせ、辻本さんを悩ませたのが、節堂が千葉監獄に在監中に書いた手記「我懺悔の一節」である。下獄して五年後、時はすでに大正に入り、第一次世界大戦に日本も参戦していた一九一六年一二月に書いた獄中記だ。「我懺悔の一節」は、その内容から判断して本人が名付けたのだろう。この獄中記も人民社社長の佐和慶太郎の金庫に収められていた多数の手記の中の一編で、神崎清が入手、紹介した（神崎「新編獄中手記」）。人民社にあった手記はいずれも東京監獄の未決の独房で書かれていたが、節堂の分だけが服役中の手記だった。神崎によれば、監獄用の罫紙三〇枚に書かれてあった。文字数にするとざっと二万字、四〇〇字原稿用紙で五〇枚に上る長尺の手記である。

節堂の手記は、千葉監獄の典獄・伊藤俊光から司法省監獄局長・谷田三郎に提出されている。手記には添え書きがあり、「無期懲役　刑法第七十三条罪　峯尾節堂」と頭書きされたあとに、要旨が次のように記されてある。

「右は、目下当監に於いて刑執行中で、入監以来違令も犯行もなく行状を謹み、作業に勉励し、かつ改悛の状があり、すでに賞表二個を付与したる者です。頃日《けいじつ》〔過日の意〕本人が受刑以来の感想を録したるものの中に『我懺悔の一節』と題する文章があります。これは本人の改悛の一端と思われ、知らせる資料と認められますので、謄写の上、貴覧に供し、送致します」

典獄の添え書きからも分かるように節堂は獄中で二回も賞表された模範囚であった。この点は、手記を読む場合に忘れてはならないところだろう。手記はそして、当局が監獄での矯正の実が上がった証しとして上申されている。国家批判や作られた国家犯罪などを見抜いた手記でないのはもちろんである。獄中という隔離された環境はすでに強制力が働く場である。「大逆事件」判決についても日々、十分に学習させられていただろう。「我懺悔の一節」はしかし、下獄から五年、囚われた僧侶、峯尾節堂の赤裸々な人物像を知ることが出来る貴重な記録である。と同時に、「大逆事件」がどれほど個を追い込み、いびつにしてしまったかを知る、きわめて重要な手記だ。

「世間の人は、逆徒二十六名一致共同して大逆無道を企てたように思っているそうだが、私の見るところでは、それは事実に相違しております。なるほど、私も法廷で、ある人びとの不敬虔きわまる告白を聞かんではありませんが、要するにそれはその人びとの意見・思想で、私どもは関知したことではありません。すでに亡き人びととの事をかれこれと評議するのは気の毒な事ですから、なるたけ人のことは云わずに私自身の見た幸徳事件なるものを正直に申し上げてみましょう」

こう前置きした節堂は、その冒頭で社会の「大逆事件」観に訂正を求める。二六人全員が大逆無道を企てたのではなく、そうした意見や思想の人もいたが、それは私には関係ないと突き放す。そこで、亡くなった人たちのことには触れずに節堂個人の事件観を述べるといって本論に入る。最初は例の「一一月謀議」につなげられた「一月新年会」である。再三触れてきたがいとわずに彼の「生のことば」を聞こう。

「私は拘引される前、おおよそ一年ばかり前の事?（今、頭がぼんやりしてその年月を確かに記憶しませんが）かと思いますが、私は古里の町である日、大石誠之助の宅に行きました。その時大石氏は東京から帰郷して間もないことでしたと、覚えております。その時大石氏曰《いわ》く、僕は今度東京で幸徳に逢ったら、幸徳はこんな事を云っていた。それは「政府が我らに対する迫害はほとんど無茶苦茶で、演説も出来なければ、集会も出来ない、むろん新聞も雑誌も何にも言論の自由が無いから、絶対的に暴圧されると、温和にも何も出来たものじゃない、何か一つ奇抜な事をやって政府を驚かしてやりたいものだ。何でも決死の士三・四十名もあれば、富豪の倉庫を開き、貧民に財を施し、諸官庁を焼き払い、宮城に進んで陛下に無政府主義的政体を組織する御許可を乞う云々くらいの事はやれようが、一つやってみたいものだ云々」、こんな談話を聞いた者は、私に高木・成石・﨑久保の四名だったと思います。

この時こんな談話を聞かされたものの、別に私は何とも思わなかった」

と書いて節堂はいきなりこう続ける。

「実を言うと私は大石という人を信じておらなかった。大石氏には実にすまぬ訳だが、私は大石を信じていなくして信じている風の容態を作って交際していたのです」

えっ、そうなのかと首をひねるが、後を読もう。

「それは、その当時私は逆境におって、と言うよりも自ら逆境を作って不平・不満で日暮らしをしておった事ですから、自分の周囲はどうも自分を歓迎してくれない。したがって温和《おとな》しく寺院で閉じ籠っていられなかった。そしてなお他に虚栄心のために大石氏の宅に出入りしたのでした。それは、大石氏は地方の素封家であるし、ドクトルでもあるし、そんな人と昵懇《じっこん》にしているという事が、何だか自分にヒレでも付いたように心得て得意でいたのでした」

ここから節堂は死者への評は避けると冒頭で書いた姿勢を変えて、刑死した大石への個人批評を始める。

「大石氏は奇を好む人物でした。衣服・習慣何でも常人の常習と言ったことを厭って、人の意表に出《い》ずるようなことをして独り喜んでいるといった風の人で、したがって土地の人でもドクトルさんといえば、一風変わった学者のお医者だと合点していたはずであります」

この後、節堂の筆は大石の社会主義への姿勢、態度を分析する。

「この人が以前から社会主義に趣味をもっておって、この種の本を読んだり、新聞・雑誌を読んだり、また自分ご自身もこの種の述作を諸新聞・雑誌に盛んに投書して、斯道《しどう》の鼓吹に努められたようである。この人が衷心から社会主義を真理と信じていたのか、あるいは一種の声聞を得るためにやったのか、あるいは好奇的一種の道楽心であったのか、それは一個の疑問で到底私の力で解決のつかない問題だ」

続けて節堂は、大石が社会主義に接近していった軌跡を辿る。

「青年時代から故郷を飛び出して、ともかく一角のドクトルという学位のある紳士に成るまでには、いろいろと世の辛酸をなめ、社会の暗い汚い哀れな方面、いわゆる下層階級の労働者や貧乏人の生活状態をよく実際に当たって経験したらしいあたりから、一面こういう憐れな人間を根本的に救済するには、いかにしても社会の生産機関を共有にし、貧富の懸隔を一掃してかからねばならぬと〔いう〕ように信じていたらしく思われる」

大きくは的外れではないだろう。そして東京の社会主義者らにもカンパをし、秋水も金銭上の援助を受けていただろうと推す。

「文章もかなり書けた。軽快、達意な警句の多い代物であった。演説も軽快な弁で多少人を説伏するだけの力を持っていたらしかったが」、節堂は気乗りしなくて一度も聞きに行ったことがなかったと書く。ここで再び節堂の筆は「一月新年会」にもどり、忌々《いまいま》しそうに書き付ける。

「東京の土産噺といったような、至極つまらない、然り徹頭徹尾つまらない、話した者もつまらなければ聞いた話もつまらない、自他共に地獄といった、つまらない、馬鹿噺を、よくも運悪く聞かされたものだし、聞きもしたものです。所謂《いわゆる》因縁ですね。前世でよほどわるいことをしたものとみえます。もちろん私は前世でなくとも十分、現世で自分自身でも相済まぬと思うほど悪いことをたくさんして有りますから、それらの応報といったものでしょう。なんにしろ、あの夜の一席の土産噺が私一己ではありません。多くの人間を破壊し去ったとは何たる悪い土産噺でしょう」

短い文章の中で四度も「つまらない」をくり返した節堂の筆は、つまらない、悪い土産噺を持ってきた大石の社会主義者としての生き方に向かう。

「この人〔大石を指す〕などは完成な方であったかも知れないが、主義のために、社会のために他の多くの民衆のために、身を犠牲に供してまでも、尽力するというような高潔な精神を私はどうしてもこの人に発見することが出来なかった」

節堂の大石への評価は、医者としての振る舞いにも及ぶ。

「ある貧乏人が薬価を払いに行ったところ、それを返して曰くこんな心配は必用《い》らないから、これで何か滋養物でも求めて身体を養いなされ云々。こんな風で、一面むろん難儀者に対する同情の余り、社会主義的思想を鼓吹せられたようにも見えるが、この人元来何処かに真摯の態度を欠くといった風で、どうも至誠とか敬虔とか渾厚《こんこう》・和楽な思想・精神を持っておられなかったらしく私は感じた。故にどうしても私は衷心敬服どころか否却《かえ》って軽蔑しておった」

かくまで大石を批判する節堂には、死したドクトルへの憎悪が宿ってしまったのだろうか。当の大石は、自身の生き方を照顧する書簡〔「社会主義と無政府主義に対する私の態度について」〕を公判開始の一カ月ほど前に今村弁護士宛に出し、その中で節堂が批判する、思想と行動の懸隔などを率直に認めていた。節堂は、大石を信じていた自己に矢を向ける。

「私は衷心敬服も何もしておらない人に対して、虚面を冠《かぶ》り先生々々と信じておる風に見せて、平生出入り往来して同氏の恩顧を受け、多少ご馳走などの饗応になって得意でいたとは、何たる厚顔無恥のお愧《はずか》しいことだろう。慚愧《ざんき》に堪えない」

たしかに自己批判だが、その裏には大石への恨みがこびりついているようだ。節堂の大石批判は、さらにボルテージが上がる。

「この人決して自己の血肉を捧げてまで主義やなんかの事に尽くす人ではないと私はみくびっていたのでした。これはこの人の真相であるいはないかも知れん。しかし私はかく見当をつけていた。したがって他の社会主義者のように入牢したり、妻子離散すといった風な家庭の好楽・平和を犠牲に供してまでも、主義・主張を牢固に維持する人ではなく、若《も》しそんな騒動でも起きたら、第一番に逃げ出す口舌上の主義者であるべしと腹の中で私は確信していた」

節堂の屈折したような大石評を読みながら、私は天草・島原の切支丹弾圧を主題にした堀田善衞の小説の中の次の語りを思い出していた。「現行の秩序に違背するある思想が、人間の性根にもとづいた正しさと尊さをもっていると知られれば知られるほど、秩序の維持者はそれを弾圧するために、ついには人間性の弱点をつき、その思想を奉ずる者が自らを裏切るようにとしむけて来る。思想や信仰を弾圧するためには、その思想、信仰ともっとも遠い、もっとも卑劣な手段こそがもっとも有効なのである」(堀田『海鳴りの底から』)。節堂が一時期でも惹かれた非戦や自由や平等、さらに一歩すすんだ相互扶助といった思想は、まごうかたなく人間の本性に根ざした思想であったのだから。

「かく腹の中で信じておりながら、とかく追従、軽薄な口をたたいて同人(大石)をしょうしょう祭り上げていたとは何たる私の恐ろしい罪過でしょう。ああゆるしたまえ。同志の霊よ」

懺悔するふりをして大石批判を滔々《とうとう》と書き続けた節堂は、その勢いで熊野の「同志」の髙木顕明、成石平四郎・勘三郎兄弟、﨑久保を次々に俎上《そじょう》に上げて、それぞれの生き方や人間的欠点をあげつらって批判する。同じ仏道の先輩である顕明に対しては、前に触れたように敬意の念も感じられるが、それでも「ちょっと警察へ来いといわれても戦慄する底の弱虫」などと、自身を忘れたかのようなことばを投げつける。節堂は懺悔録を書く二年半ばかり前の一九一四年六月二四日に、顕明が秋田監獄で縊死《いし》したことを知っていただろうか。

このあとも再び大石の人格や生き方を批判し、大石を「先生々々」と祭り上げた己が悪かった、あの「一月新年会」のバカ噺もその結果で、それがとんでもないことになったのだとまたしても悔やむ。

大石の生き方や人格批判をいくらしても救われないことに気づかなかった節堂が何とも痛ましい。この手記が事件から六年後に書かれていることを忘れそうになるほどである。

私はしかし、彼がここに書いているのとは逆に、節堂の大石への敬意はある時期までは深かったと思う。名の知られた著名人に近づいた動機が、たとえあこがれであったにせよ、大石の識見はやはり同時代の中では群を抜いて優れていたし、聡明だった。節堂もそのことを、十分かどうかは別にしても分かっていた。一九〇九年夏に社会主義から遠ざかったと大石に告げたというのが本当だとしても、その後、彼が京都で咽喉部の手術を受けに行った同年一〇月、大石に出したはがきの文面は短いが、本が欲しくてたまらないと訴える行間から大石への敬愛が滲み出ている。それは事件が起きるまでずっと続いていた——私はそう受け止めている。

節堂の大石への敬愛の感情が突然、クレバスのようにパカっと開いてしまったきっかけが、「大逆事件」による拘引で、そこで初めて大石方での「一月新年会」の話が持ち出されてからだった。そこから彼が「大逆犯」という大きな渦潮に巻き込まれ、いくらもがいても脱出できない窮境に追い込まれた。そこで、彼は自分がこうなってしまったのは、大石を知り、交わり、社会主義を鼓吹され、「一月新年会」に出て、「つまらない噺」を聞かされたからだというふうに遡上していった。自分をこんな目に遭わせた元凶として大石の存在が、別の像として彼の中で立ち現れてきた――。彼の大石批判が芽生えたのは、「大逆事件」に巻き込まれてからである。

懺悔録の大石評は、節堂の大石に対する敬愛の情がひっくり返り、憎悪へと転化し、いびつな形で発酵したと、私は読む。

仲原清が「我懺悔の一節」に誇りまで捨てたと、批判した気持ちは分かる。懊悩する青年僧の面影がすっかり消えてしまった節堂に辻本さんが戸惑うところも共有できる。あまりに哀しい、無残な「懺悔」であるが、節堂をここまで思わせ、書かせたのは、やはり異様な事件に連累し、長い孤独な拘禁生活を強いられて、俳句をひねっていたときのような清心な心を失ってしまったからだとしか思えない。彼は紛れもなく「大逆事件」の被害者なのだ。そのことに気づいていない節堂が、だからいっそう悲劇的である。

「我懺悔の一節」の遺産

そんな「我懺悔の一節」が、歴史に光をもたらすように輝くところがある。

それが第3章で詳しくふれた田辺警察署でのシーンである。捏造《ねつぞう》に屈してしまった自らの弱さの暴露でもある。顕明のことを「弱虫」と雑言を浴びせた節堂だが、武富の前で屈服した己が姿を重ねただろうか。そのわけを自己分析し、幼いころから強く言われたりすると、すぐに屈してしまう癖があったからと言うが、屈辱感はあまり伝わってこない。

「我懺悔の一節」はしかし、この場面があることで事件の実相を鮮やかに今に伝えた。武富にほとんど拷問のように問い詰められていく様は、「大逆事件」が作り上げられていく生々しい過程であり、よくぞ書き残してくれたと思わないわけにはいかない。他にこれほど「国家のウソ」が作られていく様を鮮やかに伝えるものはない。現在でも生きている。これだけでも節堂の懺悔録に意味があった。典獄がこの部分を削除しなかったのが不思議でもある。

「我懺悔の一節」の後半では節堂が法廷で初めて知った「大逆事件」の実相が描かれてある。

「一味徒党の死を決して一致・同盟した者どもが、相互に名前も何も知っておらないなんて、こんな間の抜けた一味・徒党がまたと世界の何処の国に有ろうぞや。私にしろ法廷で知っておるのは、わが郷里の人たちとその他一度来町せられた幸徳氏や森近氏ばかり、この監獄〔千葉〕でも先ほどまで同じ工場〔監獄内の作業場〕で永らく一緒に働いていた佐々木道元君にしろ、名前も聞いた事も無ければ顔を見たことが無い人、こんな者どもと世間では一致・共同して大逆を企図したというように心得ているんだ。なんてなんて情けないことだろう。全くこの事件の真相は意外なるを以て、聞く人はあるいは信じないかもしれないが、実相如実のことは以上かくの如く〔後略〕」

「大逆事件」を冤罪とも、国家犯罪とも認識していなかった節堂でさえ、こう書かざるを得なかったのである。だが模範囚とされた受刑者・峯尾節堂の上申された手記であるから、これ以上には筆は進まない。大石批判を別にすれば、手記がこの辺りで終わっていれば良かった。監獄側としてはしかし、それではこの手記を上申する意味がない。

「我懺悔の一節」の最後の部分は、節堂が事件の本質をどう認識していたのかという、いわば事件観と国体観・天皇観である。節堂は、事件を起した「犯人」は社会主義、無政府主義の思想を信じ込ませるような時代の潮流にあったと断定している。これは、思想を犯罪として裁き、それゆえに自身が囚われ、死刑判決を言い渡した大審院判決を肯定することにつながろう。彼がそのように認識した背景には、懺悔録の末尾近くで長々と記述している国体観にある。「日本人の覚悟は我が国体の諸外国と異なり万世一系の尊崇無比なる皇室を奉戴しおれるということを深く感銘して忘れざるようにする事大肝要なり」。

節堂の懺悔録は、大逆罪受刑者の模範囚に相応しいことばで締めくくられる。

「私は裁判官によりて死を宣告せられ、勿体なくも陛下の御名によって復活させて戴《いただ》いた。汚れた尊い一個の罪の子であります。陛下は私の生命の親様であります」

節堂の思考は、人生を奪われた「大逆事件」の因が天皇制（の保持）にあったというところへは向かわず、そこへの想像力が解き放たれていない。逆に天皇の存在があったからこそ救われ、感謝して平安の境地に落着する。そこには、管野須賀子のような核心を捉える見方や、武田九平のように「不当な判決」の減刑を批判する目もない。

虚実ない交ぜ、自己弁護、かつての友人や先輩らをこき下ろす「我懺悔の一節」を読み通すのはかなりの忍耐がいるが、最後の国体観と天皇観のところで、ああそうだったのかと納得する。監獄側にとっては、節堂のこのような国体観・天皇観がなければこの手記を矯正の成果として上申する価値はない。社会主義思想の根絶のために仕組まれた事件の本質を、「時代の潮流」とすり替えさせ、大逆罪で死刑判決を受けた人物がかくまで立派な国体観を持つようになり、天皇に感謝するまでに見事に忠良なる模範囚に変身しました――監獄側が最も誇れる点がここにあった。この「戒心」を伝えることこそ模範囚の節堂の「役割」だった。被害者の彼が、加害者の国家によってその「役割」をも担わされてしまった――それが懺悔録であった。

それでは節堂がここで語っている国体観・天皇観は、彼の本心だったのかという疑問が生じる。死刑の確定者であるから、直接的な暴力はなかっただろう。ただ暴力的な強制はなくても、拘禁生活には、日常的に強制力が働く。いっぽうで彼は二度も賞表された模範囚であった。ここは判断の難しいところである。

節堂の叔母の孫になる正木義子さんと菀原久視子さんに手記全体の感想を訊いてみた。「書かされた部分が、ほとんどだと思います」と久視子さんは言い、「節堂さんは純粋な人だったから、思ったとおりのことを書いたのではないでしょうか」と義子さんは受け容れる。

手記の現物は行方不明だが、最初に読んだ神崎清が手記の解説の冒頭で「峰尾自身が謄写したものかどうかは明らかでない」と記しているところが一つのポイントだ。典獄が一カ所も添削しなかったとは考えられない。節堂と合作したというのが真相に近いかもしれない。

節堂は死刑判決後、親鸞の真宗に転宗したように沼波教誨師に語り、沖野へのはがきにもそう書いていた。真宗はしかし、被弾圧教団の歴史を持っていた。法然の率いる吉水教団が、既存の仏教教団に弾圧され、後鳥羽上皇によって一二〇七年に専修念仏《せんじゅ》が停止《ちょうじ》され、法然の弟子らが死罪になり、法然、親鸞らが流刑に処せられた「建永の法難」(「承元の法難」)はよく知られていた。自力他力の違いだけでなく、興禅護国の妙心寺派とは歴史的な根っこがまったく違っていた。節堂は果たしてそこまで知った上での「転宗」だったろうか。

悩ましき、功罪半ばするような「我懺悔の一節」から何をくみ取ればいいだろう。「大逆事件」が二六人の共謀とされたのに、実は法廷で初対面という被告が何人もいたという滑稽だが笑えない事実を節堂の懺悔録は明かし、事件の幻性を鮮やかに浮かび上がらせた。そのことをいっそうはっきり現在の私たちに教えているのが、節堂が田辺警察署で武富検事に追い詰められて国家のウソの物語に同意させられたシーンである。この二つの重大な事実を節堂は懺悔録に書き留めた。それだけで十分すぎるような意義深い遺産だと私は思う。

遺したことば

節堂の弟の慶吉は、和歌山県では「大逆事件」直前には社会主義者の嫌疑者としてリストアップされていたほど活動的だったが、兄が起訴された当時は二一歳で、和歌山の第六一連隊第四中隊の上等兵(旧陸軍の階級で一等兵の上)候補者の一人として特別教育を受けていた。兄に死刑判決の出た日、和歌山市内でも号外が飛び交った。彼は連隊長に呼ばれ、詰問された。

「貴様は、新聞の号外を見たか!」

緊張で身体が強《こわ》ばり、固まってしまった慶吉は不動の姿勢のまま黙っていた。

「貴様の兄が不倶戴天の逆徒として判決が降った。貴様はどう考えるか、答えてみよ」
それでも慶吉は何も言えない。ただ涙が頬を伝ってぽたぽた落ちる。塩っぽかった涙の味がいつまでも身体に染みた。涙にくれたこの日から彼はマークされ、日曜に外出許可を願い出ると、営門では憲兵が待機し、尾行されるようになる。「不逞《ふてい》な大逆犯の弟」として。慶吉は判決以後に我が身に起きたことを連載エッセイ「なつかし記」の七回目(『紀南新聞』一九五八年三月一二日付)でほぼこんなふうに回想している。

事件後に除隊して新宮にもどってくると、警察の監視が厳しくなり、高等係(後の特高)が彼に付いて回り、「視察人」にされ迫害が続いた。慶吉は一九六八年一月に事件後の弾圧についてインタビューで回想している(『熊野誌』第四六号別冊)。

「それはもう、想像以上での。日夜わかたず警察の尾行が付いて離れん。皇族が伊勢参宮に来ると、そのたびに検束され入牢を繰り返したもんで。人権もへったくれもない。家内と一緒になって〔一九二一年に結婚〕、今でいう新婚旅行だが、その旅行にも刑事の尾行が付くんだ。そして同泊同室する始末。今の者には信じられんとおもうな。そういう状態が大正十二年の関東大震災まで続いたんです。家内には随分苦労させました」

慶吉の回想を読みながら私は、髙木顕明の孫の髙木義雄からほとんど同じような体験話を聞いたことを思い出していた。「大逆事件」の被害者遺族にはこんな話がいっぱい詰まってあるのだ。「大逆事件」前後から始まった「冬の時代」は、間もなく厳冬期に入る。警察にマークされるのは、事件の被害者、遺族、関係者、社会主義者、アナキストだけではなく、治安維持法と戦争の時代になって監視の網はぐんと広がっていく。無から有の犯罪を作り、人びとをガラスの檻に入れた監視社会は「大逆事件」から始まり、戦争国家化によって一気に拡大し、それはアジア・太平洋戦争の敗戦直後まで続いた。

慶吉は何度か警察に捕まり留置場に入れられて、一時期「五牢」と名乗ったことがある。五回も入れられたことから付けたそうだが、それを聞いた今村力三郎弁護士から「それではますます政府の反感をかう。露骨というよりキザ」と諭されて「五老」に変えたというエピソードもある。「五老」はいわば号であって、本名は慶吉のままである。

慶吉の新聞連載の署名はしかし峯尾ではなく、「三好」姓になっている。おやっと思ったが、連載の六回目で「母方の三好家に養子になったのは、事件後五年位」と明かしていた。うたの旧姓は岩本である。再婚したのだろうか。縁者の正木義子さんと莵原久視子さんに調べてもらったところ、再婚ではなく一九一四年四月に町内にある臨済宗妙心寺派の清涼寺の三好文悦和尚と養子縁組をしていた。二人もこの事実は知らなかった。事件から四年、判決から三年後である。息子の節堂は千葉監獄に終身刑で囚われたままである。四七歳になっていたうたが寺の僧侶の養女になったのはどんな事情があったのか。

取材を進めていくと、節堂の裁判など事件に関係した費用や生活費などが大変で、どういう縁なのかは分からないが、清涼寺の和尚だった三好が気の毒に思い、うたの生活を支えるために養女にしたことが分かった。三好和尚は寺の所有していた広大な土地を檀家の了解なしにかなり売却して、うたを扶《たす》けたというのだった。

もう少し詳細に追っていくと、文悦和尚は岐阜県出身で、同寺の住職になったのは一八八六年、うたと養子縁組をしたのは六七歳のときである。うたを扶けるようになったのは、養子縁組をしてからではなく、事件から間もなくだったようだ。うたの援助のために寺の所有地を売却したためか、檀家などから批判の的になったようだ。「逆徒の母」を扶けたことも影響したかもしれない。そこで彼は養子縁組をする直前に同寺を退職し、寺を出たことも分かった。

私は清涼寺を訪ねた。このときも龍神ノブヱ「発見」の導き役になった市観光ガイドの栗林さんが案内してくれた。彼は清涼寺の現住職の片岡義泰和尚と小学校時代からの同級生だったのだ。

「還俗しています。還俗ですから寺の記録にはありません」。片岡和尚は、私が三好文悦和尚のことを訊くと、すぐにこう言った。文悦和尚のために、かつての大きな寺が小さくなって……と嫌なことを思い出したように声と顔がゆがんだふうだった。片岡和尚は、三好元和尚がうたを援助したことは聞き及んではいたが、それ以上の確たる話は聞いてはいなかった。義子さん、久視子さん姉妹は三好文悦の寺の土地売却の件については、片岡和尚から聞かされていたが、それがうたを扶けるためだったとは知らなかった。

本山の寺院台帳によると、三好和尚は「退職後除籍」となっている。除籍とは、還俗と同じである。三好元和尚は、うたを養女にして九カ月後の一九一五年一月に家督を彼女に譲って隠居し、東牟婁郡色川村（現・那智勝浦町）へ転居してしまった。なぜ文悦がうたを援助したのか。私は経済的なことだけではなく、「大逆事件」によって逆徒という指弾が「峯尾うた」にも及んだことを少なからず聞き及んでいるので、そうしたこととも関係があると思っている。理不尽な社会の風を少しでも避けさせてあげたいという三好和尚の思い遣りがあったのではないか。私は、うたが三好元和尚の養女になったと知って当初は再婚かと思ったがそうではなかったようだ。三好和尚の支えがあったから節堂の事件に関わるさまざまな費用が賄えたのだろうし、うたの生活も維持できたのだ。ここにも隠された「大逆事件」の影を見る。

うたの実子の慶吉が三好家の養子に入ったのは、「事件後五年位」と本人は書いているが、一九一八年九月だと久視子さんから教えられた。それ以後本名は三好慶吉になったが、筆名などはほとんど「三好五老」を使っている。

節堂は母の意外な運命や慶吉への弾圧の様子については「我懺悔の一節」を書いたころまでは知らなかった。うたが千葉監獄の節堂に面会した記録はないが、慶吉は三好になってから一度面会に行き、そのときの話を『熊野誌』第六号で書いていた。

「兄のところへ私が面会に行ったとき……入ってから九年目位でしたが、千葉の監獄まで行って逢ったんです。夏でしたがもう声が出なくなっていました。若い二人の部長みたいなのが立ち会った。兄は私に二人分の孝行をしてくれと重々くりかえしていました。そうして、将来の歴史家は必ずこの事実を発表するだろうとも云っていました。部長は、そんなこといっちゃいかんと慌てて云ったが、兄はそんなんどこ吹く風だ。知らん顔しとった。ここには同志が何名入っている。ことごとくここで死んでしまう。私だけは宗教があるから、と云っとった。顔も若々しかった」

慶吉は「もう声が出なくなっていました」「二人分の孝行を」と、兄に死が迫り、本人も覚悟しているかのように記している。慶吉が面会に行った時期は記憶ちがいで、おそらく一九一八年の七月か八月だと思われる。であれば、節堂はまだ三三歳である。監獄の環境が劣悪なのは想像に難くないが、声が出なくなっているというのはどういうことなのだろう。夏風邪だったのか。それでも慶吉は面会の終わりのほうで顔が若々しかったとも記しているから、たいしたことはなかったのかも知れない。

兄のことばとして慶吉は、千葉監獄に送られた連累者がことごとく亡くなっているかのように記しているが、そうではない。千葉監獄には、節堂のほかには有期刑の新田融、新村善兵衛、無期の佐々木道元の四人が囚われていたが、新村は一九一五年七月、新田は一六年一〇月に仮出獄していた。ただ佐々木は一六年七月に獄死しており、節堂だけが残されていた。

慶吉の回想に出てくる「同志」ということばが気になる。節堂が本当に「同志」と言ったのだろうか。節堂にとって「同志」はすでに死語になっていたのではないか。節堂は再び転身したのだろうか。弾圧などによって何度も転ぶ人がいるとしてもどうもすっきりしない。慶吉の回想は半世紀も後の一九六一年である。時間的な落差も考えなければならないだろうし、彼が兄の懺悔録を読んでいたかどうかもわからない。しかし面会当時はその存在は知らないし、兄の「変節」は想像も出来なかったろう。節堂は本当に「同志」と言ったかもしれないし、慶吉が兄の思いをくんで回想記に使ったのかもしれない。節堂は何とも語るに難い男である。

「同志」のほかにも節堂に関する慶吉の話の中には、意外に思うところがある。「将来の歴史家は必ずこの事実を発表するだろう」と節堂が期待を込めて語ったという件《くだり》だ。どう受け止めていいのか私はまたしても戸惑った。節堂の言ったという「この事実」は何を指し、意味するところは何か。

「大逆事件」が無から有をつくったフレームアップの事実なのか、したがって当然に死刑判決は不当であること、あるいは他の被害者は別にして少なくとも熊野の六人については無実だから、それらが明らかになるだろうという期待なのか。それらを含む「大逆事件」の一切合切すべてを指していたのか。検挙から「我懺悔の一節」までの彼は、他の被害者、たとえば森近や武田や小松や坂本らのようにフレームアップだとか、冤罪だとは一度も主張していない。国家の不当性も語っていない。思想を犯罪としたことにも異議を差し挟んではいない。ここの語りはしかし、「我懺悔の一節」をくり返し読んできた私は、彼が懺悔録で明かした二つの重要な事実――田辺警察署での訊問のありようと法廷で知った事件の実相――を重く考えたい。節堂の「この事実」は、事件の一切合切を含めていたのではないだろうか。そうであれば、彼の期待、思いは一〇〇年たっても未完のままである。それどころか再び無から有をつくる「冬の時代」が来ているのだから。

慶吉の回想からは、兄弟の久しぶりの再会だったのに、感激の雰囲気があまり伝わってこないが、弟は兄に母の養子縁組や自身のややこしい縁組について伝えただろうか。出口のない無期刑で何時、仮釈放されるか予測もつかない獄中の兄に、そのような世事に関する話は今さら伝えないほうがいい、弟はそう慮《おもんぱか》った――。

一九一九年三月六日午前六時四五分、峯尾節堂は千葉監獄で死亡した。二五歳で囚われてから八年八カ月、三三歳、短い生涯だった。死因は当時、世界的なパンデミックのスペインインフルエンザ（スペインフル、通称スペイン風邪*）だったと伝えられている。当時の内務省の調査では、国内だけでも死者が三八万人に上ったという。抗生物質はまだなく、ましてワクチンもなかった。とりわけ劣悪な環境の獄中の彼にはスペインフルに耐える抵抗力はなかった。慶吉が面会したときの「声が出なくなって……」は、あるいはすでにスペインフルに感染していたころだったのだろうか。それにしては死亡までの七カ月は長すぎるが、次第に衰弱していったのかもしれない。

峯尾節堂はゆらゆらと揺れ続け、彷徨し、目指すものが見つけられず、わずか三十余年で生木のまま折られてしまった。

節堂の死を電報で知らされたうたと慶吉母子は千葉監獄へ駆けつけた。このとき、節堂の遺体を監獄の係官が「持って行け」と足蹴にしたという話がある。いかにもありそうだが、慶吉の回想では「電報を受取って母といっしょに骨を迎えに行ったんです」とあり、すぐに行ったとしても新宮からは二日以上は要したから、すでに監獄側が荼毘に付していたと考えたほうがいいだろう。

新宮警察署で見送った息子が物言わぬ骨になってしまうなんて予想だにしなかった母は、心臓が喉元にせり上がってくるほどの嗚咽《おえつ》と慟哭《どうこく》の中で骨壺を抱きしめた――うたの声が聞こえてくる。春三月とはいえ、花が舞うには早かった。

弟は兄の死について教誨師から聞いた話をそのまま伝え書きしている。

「峯尾みたいなのは初めてだ。死ぬ時坐りなおして、皆さま、大変お世話になりました、と感謝の意を込めて約束の場所へでも行くように眠ったと云うのです」と。

何とも切ない話ではないか。しかし私は思う。峯尾節堂は、最も輝き、成長し、悟りを拓いていく可能性の季節を根こそぎ国家に奪われてしまった。懊悩の青年期の最中、「大逆事件」でもみくちゃにされ、須賀子や新村忠雄のような強靭な精神の持ち主でなかった彼はぼろぼろになったまま逝った。不当な死刑判決を送りつけられた彼もまた、縊死した顕明と同じく国家に殺された一人だった――。

かつての新宮の牧師で作家になっていた沖野は「M、Sと私との関係」の末尾で、真宗に帰依したような節堂に淡々と惜別の一文を置いている。

「彼は其の後監獄で従順に服役していたそうだが、其の宗教心がどんなに傾いていっただろうか。それは私の度々想い出す事件であって、且つ彼に対する無形の贈物であったが、一千九百十九年三月に彼は監獄で病死したそうな」

亡くなった節堂の葬儀は故郷の新宮で営まれただろうか。「大逆事件」の被害者の葬儀は、官憲が圧力を加えて出来なかった例もある。何とかやれても、「国賊」「逆徒」などの世間の厳しい視線があり、松尾卯一太のように灯りのない真っ暗闇の中で秘め事のように行なわれた葬儀もあった。当時の新宮町も「大逆犯」とされたままの死者を容易には受け容れなかった。擯斥僧侶の葬儀を妙心寺派の寺が行なうことはない。さりとて他宗派が買って出ることもあり得ない。では、墓碑はどうしただろう。現在、南谷墓地にある彼の墓を何時、誰が建てたのか。弟の慶吉が建立したというのが無理のない推測だろうが、そこには意外な事実が隠れていた。

うたは節堂の惨死から二六年後、敗北必至の戦争と熊野を襲った二度の巨大な東南海地震を何とか生き抜き、一九四五年五月一〇日に慶吉宅で、「大逆事件」に翻弄された、波乱の八三年の生涯を終えた。うたの写真は一枚だけ遺されてある(本章扉写真)。撮影年月は不明だが、おそらく最晩年である。

未決の課題

節堂が初めて僧侶として寺を任され、後に一度だけ住職になった熊野川沿いにある寂しい寺、真如寺の本堂には壁に小さな額が二つかかってある。近づいてよく見ると、一つは節堂の擯斥処分が一九九六年九月二八日に取り消された証書の原本、もう一つはそれを伝えた翌年の『紀南新聞』の記事コピーである。「大逆事件」で死刑判決前に追放された節堂は、有罪のままである。妙心寺派本山はなぜ八六年後に節堂の処分を解いたのか。「復階及び復権之証」(「復階」とは、節堂が処分された時点で持っていた法階「前堂職」の復活である)の本文を原文のとおり記す。

右の者　明治四十三年十一月四日付にて大逆事件に連座したとされる理由により本派から擯斥に処せられたが　本派教化センター教学研究室及び同和推進委員会による研究と調査の結果本日茲に擯斥処分を取り消し　臨済宗妙心寺派懲誡規程第三十八条及び第三十九条の規程により復階及び復権を認めるものとする

平成八年九月二十八日

臨済宗　妙心寺派

宗務総長　小倉宗徳

これだけでは節堂の処分を取り消した理由、なぜ八六年後だったかが分からない。「大逆事件」が非戦を軸にして自由・平等・博愛、相互扶助などの当時の社会主義・無政府主義の思想を根絶やしにするために国家が仕組んだフレームアップに気づかず、自派の僧侶の行実を調べもせずに、国家に追随して理由も曖昧なまま処分してしまった過ちを認めたのだろうか。宗教教団が一人の若い僧侶の人生をへし折ってしまったことに荷担したという、取り返しのつかない行為への反省からだろうか。同じ過ちを二度とくり返さないという課題への見通しを持っての復権だったのだろうか。節堂の問題は、教団に刺さったトゲなのだから――。

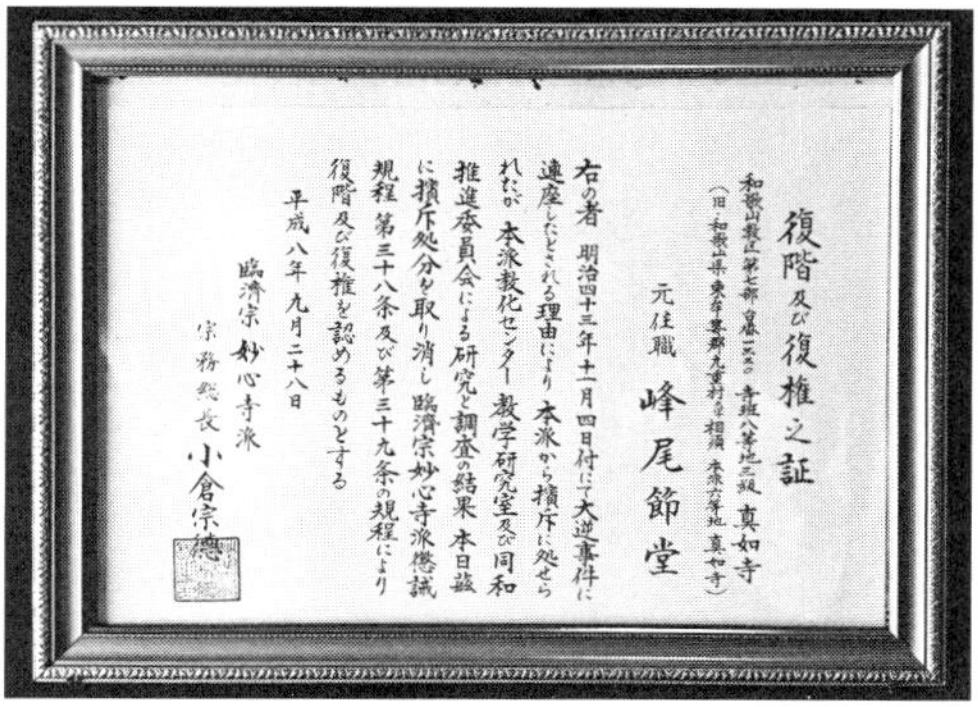

妙心寺派本山による峯尾節堂の「復階及び復権之証」(真如寺本堂，2017 年，筆者撮影)

一宗教教団に属する僧侶の処分もその取り消しも教団内部の出来事だが、僧侶は出家しても、宗教(教団)は社会と密接に関わっている。しかも「大逆事件」は近現代史上の最大の思想弾圧事件で、未決の問題として今もある。国家に従って処分した宗教団体の復権への取り組みはだから、社会的な意味と同時に決して閉ざされてはいない法的な復権活動にも影響がある。

擯斥した節堂について妙心寺派が調査研究に取り組んだのは、戦争荷担を問われた敗戦五〇年とも絡んでいるが、きっかけは一九九〇年代初めに内外から寄せられた批判だった。わけても同じ禅宗の曹洞宗の内山愚童が復権されたのに、妙心寺派はそれにはまったく反応しなかったことが批判の的になった。節堂の名前はもちろん、「大逆事件」に連座して教団が擯斥という極刑にしていたことなどの事実を知らない僧侶も教団の中には少なくなかった。節堂が教団から擯斥されていたから、存在も事実も知らなかったとしてもやむを得ない面もある。それはしかし、教団が人権の問題や戦争荷担を含めて国家との関係を検証するのが非常に遅かったことと密接に絡んでいた。見直しが早ければ、節堂の処分の過誤についても気づいただろう。

妙心寺派本山が節堂の行実などについて本格的に調査研究に乗り出したのは一九九五年からだが、その翌年の四月には大谷派が髙木顕明の擯斥を取り消した。「焦りがなかったかと言われれば、そうだと認めないわけにはいかないでしょう」。ほぼ五年にわたる調査研究に携わり、節堂復権の報告書作成に尽力した白浜・勧福寺の足助和尚は曹洞宗、大谷派の復権の影響を認める。ただ内山愚童と髙木顕明については両教団の内部に早くから研究を続けてきた僧侶がおり、復権に大きな役割を果たしたが、妙心寺派にはそうした僧侶がいなかった。蓄積もない。これが両教団より復権が遅れた一つの原因だったかもしれないが、曹洞宗にしても大谷派にしたところで、復権したのは処分から八三年、八五年後である。敗戦からでも四八年、五一年後である。再審請求に対しても三教団ともよそ事であった。

妙心寺派が節堂の復権をした理由については、足助和尚や新宮市内の清閑院の後藤牧宗和尚らがまとめたブックレット『大逆事件に連座した峰尾節堂の復権にむけて』で明らかにされている。

処分の根拠が曖昧だった、「大逆事件」はこれまでの諸研究によって連座した人びとは国家権力による「犠牲者」であることが明らかである、冤罪が定説である、節堂は根拠の希薄な起訴に基づいて本山から擯斥された、節堂は迷いながらも懸命に生きた宗教者だった——こうした理由を挙げて処分は間違っていたので、復権に踏み切ったという。

節堂の処分の取り消しの根拠の中では、擯斥の大きな背景にあったことをうかがわせる天皇制国家との関係にはほとんど触れられていない。これは「大逆事件」の根の深さを語っている。個人の自由と国家の関係という抜き差しならない問題を、さまざまな領域で問うているのが「大逆事件」なのだから。

節堂の復権が他の教団より遅れたということを批判するのではなく、復権後の取り組みのほうがはるかに大きな課題であった。国家追随で八六年も処分を放置してきたのだから。ブックレットの終わりのほうでその問題に触れている。

「復権が決定されたのち、それで一件落着で済ませるのではなく、真如寺檀信徒に対し、峰尾節堂の縁者に対しどのような措置をとるのか、また、一派に対し、峰尾節堂の復権について、どのような理解を求めて行くのか、また、本派教団に彼と同様のケースが、だれにも気づかれずに埋もれていないかどうかの検証が、今後の課題となるであろう」

妙心寺派は復権の翌年の一九九七年五月一三日、大野鋏宗《えいじゅう》教学部長が真如寺を訪れ、清閑院住職で当時の真如寺の兼務住職だった後藤和尚に節堂の「復階及び復権之証」を渡し、集まった檀家信徒に復権を伝え、本山で作った位牌を手渡しした。第２章で触れた「妙心前堂節堂圓和尚禅師」という戒名のつけられた位牌である。臨済宗妙心寺派の決まった戒名のスタイルだという。この日、大野教学部長が檀信徒にこう語っている。

「本山は懲戒処分に従って処置した訳ですが、現代の人権、同和問題、命の存続の面から見ましても審理手続き上重大な誤りがありました」「八七年にわたって汚名を受けたまま、獄中病死されているというのは申し訳ないことでありました」「復権、復階の証書を送るだけでは不十分と思い、お位牌を持参しました」「今後はこのようなことがあってはなりません」(『紀南新聞』一九九七年五月一五日付)

復権以後の取り組みを課題にし、教学部長が謝罪し、くり返さないと誓った覚悟は、復権から二〇一七年までの二一年の間、どのように果たされてきただろうか。それこそが節堂復権の誠実な取り組みを語る証なのだから。

真如寺に飾られてある「復階及び復権之証」には、小さいが実は見落とせない誤記がある。本山が節堂を処分した日付は、「明治四十三年十一月十四日」である。同派の機関誌『正法輪』にそう明記されてある。本山としては決して忘却してはならない重大な「日」である。額の中の「証書原本」にはしかし、「十一月四日」と記されている。私が真如寺を訪れてこれに気づいたのが、節堂の処分が取り消されてから二一年後の二〇一七年である。単なる「十」の欠落でささいな誤記だが、節堂それが二一年間もそのままだった。「証書」の原本の小さなミスは、処分の取り消しで本山が一件落着にしてしまったことを語っているような気がしてならない。

たとえば顕明を復権した大谷派のように彼の自殺した六月二四日を「遠松忌」として、毎年多彩な取り組みを続けていれば、確実に気づかれたミスである。妙心寺本山にはそうした取り組みが

「復権」の取り組みから滑落してしまった。ことばが上滑りしていたのではないか。

実際、その後二一年、教団は「何もしてこなかった」ことを認める。宗務本所教学部人権擁護推進本部の担当者がこう言わざるを得ないのが実態である。復権とは節堂に刺さったトゲを抜くことではなかったのかと思うと、何もしてこなかった訳を訊かないわけにはいかない。「おっしゃるように放置してきたと言われればそのとおりで、そこには私たちの体質的な何かが……」。そうか、体質的か——取材を終え、妙心寺の大きな南総門を背に花園駅に向かって歩きながら、復権とは何だったのかという疑問が身体にまといつき、節堂がかわいそうでならなかった。

白浜・勧福寺の足助和尚は辛辣である。

「復権の事実も、この文書（ブックレット）もどこまで末寺に行っているか。この文書が出発点だと私は思いますね」

節堂が留守居僧をしていた泉昌寺での取材の帰り際、私が手にしていたブックレットを見た檀徒の一人に、「私ら節堂さんのことよう知らんのです。そんな本（ブックレットのこと）があるのも知らんかった。私ら三年に一回、本山にお参りするのに配ってくれても、ええのになあ」と言われた。足助和尚から説得的なことばを聞いたばかりだったから、私は「まったくそうですね」と相槌を打たざるを得なかった。せめて節堂が転々としたすべての寺には配布し、無住寺には過去帳とともに常備しておけばいいのにと思った。本山に訊くと、ブックレットの残部はもうない。もともと発行部数も「印刷屋が倒産して分からない」。今後の再版の予定もないそうだ。

節堂の縁者は妙心寺よりうんと積極的だった。日本体育大学名誉教授で東京在住だった故・正木健雄が、妹の義子さんが那智勝浦町で経営していた喫茶店の一室を利用して「峯尾節堂資料館」をオープンした。「大逆事件一〇〇年」の二〇一〇年六月である。「兄は若いころから事件に強い関心を持っていたみたいでした」と義子さんはいうが、縁者の節堂の軌跡にも心を寄せていたという。正木は、新宮市に「将来は大逆事件資料館」の開設を要望していたが、そのきっかけになればと「大逆事件の犠牲者を顕彰する会」と真宗大谷派の協力を得て開設したのだった。なぜ妙心寺派は復権をした自派の僧侶に関する資料館をサポートしてこなかったのだろうか。

二〇一一年九月の大水害で義子さんの自宅が大きな被害を受け、資料館ともども新宮市内の千穂に移転した。小さな資料館だが、節堂の書き残した新聞原稿や写真など関係の資料が展示され、夏や秋には大阪や東京の大学のゼミや市民グループが見学に訪れる。規模に関係なくこうした施設があれば、必ず各地から来館者がやって来る。それが事件と人の継承でもある。この資料館が二〇一七年一〇月二二日の台風二一号による水害で再び被害を受けてしまった。

二〇一八年は節堂が亡くなって百回忌になる。その日——三月六日——、真如寺などで本山の教学部人権擁護推進本部が中心になって大きな法要が営まれる予定だ。記念の石碑も設けられるようだ。妙心寺派本山が「復権」以後何もしてこなかったことを取り返すためには、百回忌を機に二度目の出発点にできるかどうか。大谷派のように、くり返さないという思いを込めた教団の継続的な取り組みがなされるのかどうか。イベントだけでなく、やはり何を、どう続けていくかだろう。「峯尾節堂資料館」への協力もその一つであるかもしれない。

日露戦争を経て朝鮮を植民地支配して帝国主義国家にのし上がっていった国の中で、わずかでも社会の矛盾に気づき、揺れながらも社会主義や無政府主義に触れ、紛れもなく自由を求め、本好きで、俳句にもきらりと光る才をのぞかせた若き禅僧・節堂を潰したのが「大逆事件」だった。再び自由や思想を潰す国家の被害者を作らないのが、処分をした教団が負っている責務であり、節堂の願いでもある。それはしかしたんに一宗教教団の問題ではない。私たちの戦後社会が未決のままずっと負っていることなのだから。

南谷墓地の節堂の墓には既述のように建立者名も建立時期も書かれていない。戒名も刻まれていない。戦後に建てられたとしても、まだまだ新宮では「大逆事件」は禁忌であった。清涼寺を訪ねた際、かつて峯尾家と何らかの縁があると聞き及んでいたので節堂の墓碑建立のいきさつが分かるのではと思い、尋ねてみた。けれども分からなかった。何か書き残されたものはないのか、と片岡和尚にしつこく訊いたところ、記録を見ながら「ああ、昭和二六年に節堂さんの戒名が書いてありますね。昭和二六年八月一一日です」。ということは、一九五一年八月一一日が節堂の墓碑建立の日と考えていいのだろうか。そう和尚に訊くと、それには直接答えずに「この字は親父の字ではないなあ。誰か手伝いに来ていた僧かも知れない」と首をひねりながら呟く。うーむ。で、戒名は何とありますか？

「えーと、節堂草聲居士。草の聲、節堂草聲居士」——。すぐに私は、俳号です、それ、と「草聲」に力を入れて言った。俳号を戒名に入れ込んだのは、自らも句をひねり、兄を一番よく知り、仲の良かった慶吉にしか出来ない。

「大逆禁忌」の闇が晴れていなかった一九五一年の熊野新宮で、兄を蘖《ひこばえ》のように甦らせようとした戒名「節堂草聲居士」――。妙心寺派の正式な戒名ではないが、節堂に似合った、解放されたような実にいい戒名だとうなずきつつ、私は何度か「節堂草聲居士」を独語しつつ、清涼寺を後にした。

三好慶吉は一九七一年一月二〇日、大阪枚方《ひらかた》市で没した。八一歳だった。

＊第一次大戦中に発生したインフルエンザのパンデミックによる世界での死者は、最多で八〇〇〇万人と推定されている。日本の国内では一九一八年八月から終息した二一年七月までに三八万八七二七人が死亡した。これは唯一の記録である内務省衛生局の報告書『流行性感冒』(平凡社の東洋文庫が翻刻出版)による。関東大震災の死者・行方不明者の二倍以上だが、「実際の患者数は遥かに多数」と報告書は記しており、その猖獗《しょうけつ》ぶりがわかる。

明治大逆事件で起訴された二六人

連座者名	生年	罪名	判決	年齢*	出身地・職業など	プロフィール、遺族・墓碑など
奥宮健之	1857	大逆	死刑	53	高知県	元自由民権運動家、連座者中最高齢。同郷の秋水に爆裂弾製造法を教えたとされ連座。拘禁中の一九一〇年八月、妻さわ死去。兄、宮城控訴院検事長、裁判中に更迭(正式辞令一九一三年四月)。墓、東京・染井霊園。
大石誠之助	1867	大逆	死刑	43	和歌山県 医師	米国で医師免許を取り、新宮で開業、ドクトル大石と愛称。脚気研究でインドへ。社会主義を知る。情歌、俳句も。西村伊作と太平洋食堂を営む。刑死後、妻ゑいと遺児二人、東京へ。墓、新宮・南谷墓地。二〇〇一年九月、熊野の連座者五人とともに市議会で名誉回復。二〇一八年一月、新宮市の名誉市民に決まる。
幸徳秋水	1871	大逆	死刑	39	高知県 文筆家	中江兆民の高弟。ジャーナリスト、詩人、思想家。自由民権左派から社会主義者を経てアナキスト。裁判中、母・多治、死去。『廿世紀之怪物帝国主義』など著書多数。墓、四万十市の正福寺。二〇〇〇年一二月、中村市(現・四万十市)議会、顕彰決議。
内山愚童	1874	大逆	死刑	36	新潟県 曹洞宗僧侶	箱根大平台・林泉寺住職。地元の貧しい青年らに出会い、禅宗とアナキズムの結合を試みる。『無政府共産』などの冊子を寺内で地下出版。一九一〇年四月、出版法違反、爆取で実刑、曹洞宗、一〇月六日、擯斥処分。刑死後、林泉寺境内墓地に埋骨。一九九三年四月、曹洞宗、処分取消。二〇〇五年四月、顕彰碑。二〇一三年一一月一六日、出身地・小千谷市に市民ら顕彰碑建立。

連座者名	生年	罪名	判決	年齢*	出身地、職業など	プロフィール、遺族・墓碑など
宮下太吉	1875	大逆	死刑	35	山梨県 機械据付工	機械据付工として各地の工場を渡り歩く。愚童の『無政府共産』の影響などで、天皇暗殺を秘め、爆裂弾製造、実験。処刑後、東京・雑司が谷・監獄共同墓地に埋葬。後に姉らが甲府の光沢寺の宮下家墓所に埋骨、一九七二年九月、啄木の詩刻んだ墓碑。遺族不明。
新美卯一郎	1879	大逆	死刑	32	熊本県 記者	一九〇七年、済々黌時代の友人・松尾卯一太と社会主義系新聞『熊本評論』創刊。刑死後、妻で琵琶名手・金子トク、茶屋経営で墓建立。熊本市の立田山の熊本市営小峯墓地に新美家の墓と二基。
松尾卯一太	1879	大逆	死刑	31	熊本県 記者	裕福な農家の長男。東京専門学校を中退後、家禽雑誌を主宰し、新美と『熊本評論』創刊。処刑後、一家離散。妻の静枝、大阪で死去。墓、熊本県玉名市川島の松尾家墓所。二〇〇四年、地元の住民が墓案内板設置。
森近運平	1881	大逆	死刑	29	岡山県 農業	社会主義研究や町村会での非戦論の講演などを理由に県庁退職。堺利彦に誘われ社会主義活動へ。一九〇五年二月、大阪平民社創設、一九〇七年六月に『大阪平民新聞』(後『日本平民新聞』)創刊。処刑後、妻・繁子、娘・菊代を置いて離婚。繁子、一九一四年七月、死去、三三歳。菊代、一九二七年五月、死去、二三歳。一九六一年一月、墓・歌碑「父上は怒り玉ひぬ我は泣きぬさめて恋しき故郷の夢」建立。妹・栄子、坂本清馬と再審請求するも一九六七年七月五日、最高裁棄却。

菅野須賀子	1881	大逆	死刑	29	大阪府 記者	『大阪朝報』『牟婁新報』などの記者時代から、女性の人権を主張した先駆的ジャーナリスト。社会主義者からアナキストへ。獄中日記「死出の道艸」は情感豊かな傑作。弟、在米。刑死後、妹の墓のある東京・渋谷の正春寺に埋骨。一九七一年七月、獄中歌「くろかねの窓にさし入る日の影の移るを守りけふも暮らしぬ」の歌碑建立。
成石平四郎	1882	大逆	死刑	28	和歌山県 薬種業	中央大卒後、熊野川の船乗り。東京時代に秋水らの非戦論に共鳴。南方熊楠とも交流。刑死後妻・むめ、遺児を連れ再婚。兄は、連座の勘三郎。墓、田辺市本宮町請川の成石家墓所。荒畑寒村撰文の碑。「行く先を海とさだめししづくかな」。二〇〇四年一一月、町議会で名誉回復復権。孫・岡功、二〇一六年四月、死去。
古河力作	1884	大逆	死刑	26	福井県 園丁	一七歳で郷里・小浜を離れ神戸、東京の西洋草花店で働く。身体的障害でいじめられ、大言壮語が身につく。処刑直前の弟、妹との面会シーンは胸を打つ。市ヶ谷・道林寺に埋骨。後に寺の移転により遺骨不明。小浜・曹洞宗妙徳寺の古河家に父子墓。水上勉の「一滴文庫」に資料多数。弟・三樹松は一九九五年に死去。姪二人、長野、東京在住。
新村忠雄	1887	大逆	死刑	23	長野県 記者	小学校卒後、東京で従兄・牧師の影響でメソジスト系のクリスチャンに。また『平民新聞』にも触れる。兄・善兵衛の召集などで、非戦主義者に。秋水に出会い、最も先鋭的アナキストに。東京監獄共同墓地に埋葬後、染井霊園の奥宮の墓の後ろに埋骨。その後、千曲市・生蓮寺へ。兄も連座。法名「礼誉救民」。

連座者名	生年	罪名	判決	年齢*	出身地、職業など	プロフィール、遺族・墓碑など
高木顕明	1864	大逆	死刑 判決後 無期	46	愛知県 真宗大谷派 僧侶	一八九九年一二月、新宮町・浄泉寺住職。被差別部落、廃娼、非戦に取り組む。町内の仏教界で孤立。論文「余が社会主義」。判決後、一九一一年一月、擯斥処分。秋田監獄。一九一四年六月二四日、獄中縊死、五〇歳。妻子は寺を追われ名古屋へ。養女・加代子、小学生で芸者置屋に。養父の墓、浜松に建立。妻たし一九二三年一〇月、名古屋で死去。加代子一九七二年死去。一九九六年四月、処分取消、名誉回復。墓・顕彰碑、新宮・南谷墓地。
武田九平	1875	大逆	死刑 判決後 無期	35	香川県 彫金師	大阪で金属彫刻業「武田赤旗堂」。大阪平民社設立のころから森近運平の最も信頼する同志。一九〇八年、大阪平民社解散後も自宅に「大阪平民倶楽部」の看板。獄中から冤罪を訴える。長崎監獄。一九二九年四月二九日、仮出獄。金光教芸備教会を経て大阪へ。一九三二年一一月二九日、大阪市内で交通事故死、五七歳。墓、寝屋川の妹婚家・津田家墓所。
岡林寅松	1876	大逆	死刑 判決後 無期	34	高知県 病院勤務	医師目指し、小学校同窓の小松丑治頼り神戸海民病院勤務。『平民新聞』創刊と同時に小松らと「神戸平民倶楽部」結成。長崎監獄。獄中離婚、息子病死。一九三一年四月二九日仮出獄、大阪で病院勤務。戦後、ローマ字運動。一九四八年九月一日病死、七二歳。墓、高知市小高坂山の岡林家墓所。
小松丑治	1876	大逆	死刑 判決後 無期	34	高知県 養鶏業	大阪で区役所など勤務後、神戸海民病院事務員。一九〇九年初め、病院を退職し妻と養鶏業。秋水に傾倒するも、アナキストにはならず。長崎監獄。一九三一年四月二九日、仮出獄後、妻はると辛酸嘗める。一九四五年一〇月四日、栄養失調死、六九歳。墓・高知市小石木町・筆山霊園内。妻、一九六七年三月死去、八二歳。

岡本穎一郎	1880	大逆	死刑 判決後無期	30	山口県 労働者	早稲田第一高等学院生のころ、安部磯雄らの演説を聞き、社会主義に惹かれる。一九〇七年ごろ『大阪平民新聞』読者になり、森近や武田らを知る。長崎監獄。一九一七年七月二七日、獄死(病気)、三六歳。荒畑寒村の小説「冬」Eのモデル。墓不明。写真未発見。
新田融	1880	爆取**	有期 一一年	30	北海道 機械据付工	明科製材所では、上司の宮下に頼まれ事情不知のままブリキ缶を製造。爆発物取締罰則違反で懲役刑。法的には大逆罪での公訴棄却すべき。千葉監獄。一九一六年一〇月一〇日、仮出獄。一九三七年三月二〇日、東京で死去、五七歳。墓、東京・多磨霊園。写真未発見。
成石勘三郎	1880	大逆	死刑 判決後無期	30	和歌山県 薬種業	区長、村会議員。弟・平四郎の関係で社会主義に親近感を持つ。長崎監獄。在監中に息子病死。一九二九年四月二九日、仮出獄。一九三一年一月三日、病死、五〇歳。墓・弟に同じ田辺市本宮町請川。
新村善兵衛	1881	爆取**	有期 八年	30	長野県 元助役	新村忠雄の兄。日露戦争に従軍。弟の依頼で薬研などを調達し連座。爆取で懲役。法的には新田と同じく、大逆罪での公訴は棄却すべき。千葉監獄。一九一五年七月二四日、仮出獄。大阪や天津などを放浪後、大阪・菓子店勤務。一九二〇年四月二日、病死、三九歳。墓、弟に同じ、法名「賢誉至徳」。
峯尾節堂	1885	大逆	死刑 判決後無期	25	和歌山県 臨済宗妙心寺派僧侶	幼名正一、七歳で得度。熊野川町・真如寺住職、退職後熊野の寺を転々。三重県・泉昌寺の留守居僧の時に検挙。事件直前、結婚。一九一一年一一月一四日、擯斥。千葉監獄。一九一九年三月六日、獄中病死、三三歳。一九九六年九月二八日、処分取消。墓・南谷墓地。二〇一八年三月六日、百回忌。

連座者名	生年	罪名	判決	年齢*	出身地、職業など	プロフィール、遺族・墓碑など
﨑久保誓一	1885	大逆	死刑 判決後無期	25	三重県 記者	『明鏡新聞』記者など。一九〇七年ごろ社会主義者を名乗る。秋田監獄、判決後離婚、娘は迫害に苦しむ。一九二九年四月二九日、仮出獄、ミカン農家。再審請求考慮。一九五五年一〇月三〇日、死去、七〇歳。墓、御浜町下市木の林松寺。関東地方などに孫、ひ孫。
坂本清馬	1885	大逆	死刑 判決後無期	25	高知県 印刷工	外交官を夢見て東京へ。秋水に出会い社会主義者からアナキストに。秋田監獄。獄中で再審請求追求。一九三四年一一月三日、高知刑務所仮出獄、連座者の最後。天皇崇拝者。一九六一年一月一八日、森近運平の妹・栄子と再審請求、一九六七年七月五日、最高裁棄却。事件の国家犯罪性を知らせた功績大。一九七五年一月一五日死去、八九歳。墓、四万十市・正福寺の秋水墓地。
三浦安太郎	1888	大逆	死刑 判決後無期	22	兵庫県 ブリキ職人	大阪平民社に出入り、森近、荒畑寒村、岡本らを知る。長崎監獄。一九一六年五月一八日、獄死(自殺?)、二八歳。平出修「逆徒」のモデル。墓、大阪・阿倍野墓地。写真未発見。
佐々木道元	1889	大逆	死刑 判決後無期	21	熊本県 寺三男	熊本市内の本願寺派・即生寺(現在は、本山から離脱)の二男。兄・徳母の影響で熊本評論社に出入りし、社会主義に関心を持つ。千葉監獄。一九一六年七月一五日、獄中病死、二七歳。境内の「即生寺の墓」に埋骨。写真未発見。

飛松與次郎	1889	大逆	死刑 判決後 無期	21	熊本県 記者	秋水の『社会主義真髄』に感銘、教員時代に『熊本評論』読者に。同誌の後継紙『平民評論』の発行兼編集人で連座。秋田監獄。一九二五年五月一〇日、最初の仮出獄者。坂本清馬に再審請求の意思伝える。一九五三年九月一〇日死去、六四歳。山鹿市・本澄寺に遺骨、二〇一四年一月一九日、市民らの拠出金で本澄寺境内に熊本の被害者三人とともに顕彰碑、建立。

（著者作成）
＊年齢は判決時のもの
＊＊爆発物取締罰則違反

あとがき

「大逆事件」に関係した書は、本作で三作目になる。とくに三部作を意図したわけではないが、そうなったのは二〇一七年に安倍晋三政権が強引に成立させた共謀罪（テロ等準備罪）の登場だった。思想や良心の自由、信教の自由、表現の自由が九〇年代半ばごろから、風にそよぐ葦のような状況になり始めていたのは取材を通じて強く感じていた。共謀罪はしかし、市民の自由を切岸《きりぎし》にまで追い込むことが必至の治安立法だと思った。表現者として何ができるか。

共謀罪と治安維持法の類似性は指摘されてきたとおりだが、私は明治の「大逆事件」こそ、共謀罪の原点だという認識が当初からあった。それは、非戦を軸に一気に広まった革新的な思想の社会主義を根絶するために国家が乏しい根拠で、「大逆」を共謀・陰謀したという事件をでっち上げ、多数の人びとを罪に陥れ、生を奪ったからである。動機が思想にあるとして事件を作った近代日本の国家のあり方と、そのような国家を許容してきた社会意識――近代日本に刺さっているトゲを、そうとは気づかない社会意識――が今なお地続きのままで、それが共謀罪を生んだ。私はそう思って、「事件」から遠くにいた一人の若き禅僧、峯尾節堂を追った。

峯尾は難儀な人物で、捉えるのに七転八倒した。でも二〇代半ばで確たる思想や世界観を持って生きている人は希有である。峯尾は紛れもなく〈私〉であり、〈あなた〉と言ってもいい。

結婚二カ月そこそこで事件に巻き込まれた節堂の妻についてはほとんど分かっていなかった。「大逆事件」の被害者には、薄氷《うすらひ》の上で生きねばならなかった多くの女性たちがいたことを二〇年に及ぶ取材の中で私は痛切に感じていた。そうした女たちを含めて事件を捉えなくては、近代日本に刺さったトゲを意識できない。彼女たちは、現在という時間の中で記憶されるべきなのだ。だから私は瞬きするような新婚生活を引き裂かれてしまった節堂の妻を追い、記憶の再生に努めた。

本作とほぼ同時に、『大逆事件　死と生の群像』を岩波現代文庫版で上梓した。『飾らず、偽らず、欺かず　管野須賀子と伊藤野枝』(岩波書店、二〇一六年)と合わせて手に取ってもらえれば、「大逆事件」が現在の問題としてあることに気づいていただけるのではないか。

本書では、臨済宗妙心寺派宗務本所教学部、同派の和歌山教区に属するいくつかの寺院、僧侶の方の協力と助言をいただいた。御礼申し上げたい。また新宮の「大逆事件の犠牲者を顕彰する会」主催の峯尾節堂関連寺院の探訪ツアーに数回同行させていただき、大変参考になりました。同会の中心的なメンバーが集う「くまの茶房」での時が止まったような熱い談義からは、取材のハードルを越えるエネルギーをたくさん頂戴した。合わせて感謝いたします。新宮市立図書館の司書、職員の方がたには、かなりの無理をお願いしたにもかかわらず、スピーディに快く対応していただきました。ありがとうございました。

以下、取材でお世話になった方への感謝を込めてお名前を記します(敬称略、五十音順)。

足助重賢、石田信行、今泉貴裕、上田勝之、菟原久視子、大江真紀、大江眞理、大谷令子、金子武嗣、片岡義泰、栗林確、後藤牧宗、佐々木智亮、白井清牧、竹原優美、田中敏子、辻本雄一、中田重顕、仲原夏生、中森常夫、二河通夫、濱野謙吉、濱野小夜子、正木義子、松永成太郎、平岩明、道前美穂、森奈良好、山内小夜子、山崎元文、山崎泰、和田茂男のみなさん。

編集を担当していただいた田中宏幸さんとは一〇年以上のおつきあいになりますが、本作でも的確な疑問と助言をいただき、作品の構成・内容の整理に大きな助けになりました。今回は現代文庫と同時刊行という非常に厳しいスケジュールでしたが、鮮やかにさばいていただきました。感謝あるのみです。

二〇一八年一月二一日　峯尾節堂が千葉監獄に送られた日に

田中伸尚

主な引用，参照文献

（新聞，雑誌は省略した）

市川白玄『市川白玄著作集　第三巻　仏教の戦争責任』法蔵館，1993 年.

絲屋壽雄『大石誠之助——大逆事件の犠牲者』濤書房，1971 年.

大石誠之助著，森長英三郎・仲原清編『大石誠之助全集』全 2 巻，弘隆社，1982 年.

沖野岩三郎『沖野岩三郎著作集』第 1，3 巻，学術出版会，2010 年.

神崎清編『大逆事件記録』全 2 巻(第 1 巻「新編獄中手記」，第 2 巻上・下「証拠物写」)，世界文庫，1964 年.

神崎清『大逆事件』(全 4 巻)あゆみ出版，1976–77 年.

管野須賀子著，清水卯之助編『管野須賀子全集』全 3 巻，弘隆社，1984 年.

教誨百年編纂委員会『教誨百年』上・下，浄土真宗本願寺派本願寺，真宗大谷派本願寺，1973，1974 年.

幸徳秋水全集編集委員会編『幸徳秋水全集　別巻 1』明治文献，1972 年.

——『幸徳秋水全集　補巻　大逆事件アルバム』明治文献，1972 年.

堺利彦『堺利彦全集』第 4 巻(非売品)，中央公論社，1933 年.

塩田庄兵衛・渡辺順三編『秘録・大逆事件』上・下，春秋社，1959 年.

司法省刑事局編・刊『日本社会主義運動史』(山辺健太郎蔵)，1929 年.

週刊朝日編『値段の明治大正昭和風俗史』朝日新聞社，1981 年.

——『値段史年表　明治・大正・昭和』朝日新聞社，1988 年.

新宮市教育委員会編・刊『人権からみた新宮のあゆみ(草稿)』2005 年.

新宮市史編さん委員会『新宮市史』新宮市，1972 年.

新宮市立図書館・熊野地方史研究会編刊『熊野誌』(第 6，14，16，17，21，22，25，29，46，54，59 号，第 46 号別冊)1961–2005 年.

杉中浩一郎『紀南雑考』(私家版)，1981 年.

専修大学今村法律研究室編『大逆事件』全 3 巻，専修大学出版局，2001–03 年.

曹洞宗人権擁護推進本部編『仏種を植ゆる人——内山愚童の人と思想』曹洞宗宗務庁，2006 年.

大逆事件の真実をあきらかにする会編『大逆事件を生きる――坂本清馬自伝』新人物往来社，1976 年.
大逆事件の真実をあきらかにする会編・刊『大逆事件訴訟記録・証拠物写』第 4，5，8 巻，1960–62 年.
大逆事件の真実をあきらかにする会編著『大逆事件の真実をあきらかにする会ニュース』(復刻版)第 1–第 48 号，ぱる出版，2010 年.
「高木顕明の事績に学ぶ学習資料集」編集委員会他編『高木顕明の事績に学ぶ学習資料集』真宗大谷派宗務所，2010 年.
田中伸尚『大逆事件　死と生の群像』岩波書店，2010 年(岩波現代文庫，2018 年).
田中伸尚『飾らず，偽らず，欺かず　管野寿賀子と伊藤野枝』岩波書店，2016 年.
辻本雄一『熊野・新宮の「大逆事件」前後――大石誠之助の言論とその周辺』論創社，2014 年.
徳冨健次郎著，中野好夫編『謀叛論』岩波文庫，1976 年.
内務省衛生局編『流行性感冒「スペイン風邪」大流行の記録』(東洋文庫 778)平凡社，2008 年.
中田重顕『みくまの便り――熊野びと，その生の原風景』はる書房，2014 年.
中村雄二郎編『思想史の方法と課題』東京大学出版会，1973 年.
永広柴雪『新宮あれこれ』紀南新聞出版部，1961 年.
夏樹静子『裁判百年史ものがたり』文藝春秋，2010 年.
西村伊作『我に益あり――西村伊作自伝』紀元社，1960 年.
念仏法難八百年を考える会偏，阿満利麿・吉良潤・玉光順正他著『念仏法難八百年を考える――建永(承元)の法難の真相と念仏者の課題』探究社，2009 年.
年報・死刑廃止編集委員会編『日本のイノセンス・プロジェクトをめざして　年報・死刑廃止 2010』インパクト出版会，2010 年.
野口存彌『沖野岩三郎』踏青社，1989 年.
浜田寿美男『「自白」はつくられる』ミネルヴァ書房，2017 年.
浜畑榮造『大石誠之助小伝』荒尾成文堂，1972 年.
林茂・西田長寿編『平民新聞論説集』岩波文庫，1961 年.

平出修『定本平出修集』正・続，春秋社，1965，1969 年.
堀田善衛『海鳴りの底から』上・下，朝日文庫，1963 年.
前坂俊之監修『近代犯罪資料叢書』第 7 巻，大空社，1998 年.
松尾尊兊編・解説『続・現代史資料Ⅰ　社会主義沿革 1』みすず書房，1984 年.
森長英三郎『祿亭大石誠之助』岩波書店，1977 年.
――『風霜五十余年』(私家版)，1967 年.
――『内山愚童』論創社，1984 年.
山泉進『大逆事件の言説空間』論創社，2007 年.
吉岡金市・森山誠一ほか編『森近運平研究基本文献』上・下，同朋舎出版，1983 年.
吉田久一『日本近代仏教史研究』吉川弘文館，1959 年.
臨済宗妙心寺派人権擁護推進委員会編著『大逆事件に連座した峰尾節堂の復権にむけて』同派宗務本所，1999 年.

田中伸尚

1941 年東京生まれ．新聞記者を経て，ノンフィクション作家．『ドキュメント 憲法を獲得する人びと』(岩波書店)で第 8 回平和・協同ジャーナリスト基金賞．明治の大逆事件から 100 年後の遺族らを追ったノンフィクション『大逆事件——死と生の群像』(岩波書店，のちに岩波現代文庫)で第 59 回日本エッセイスト・クラブ賞．『飾らず，偽らず，欺かず 管野須賀子と伊藤野枝』(岩波書店)，『靖国の戦後史』(岩波新書)，『いま，「靖国」を問う意味』(岩波ブックレット)，『未完の戦時下抵抗——屈せざる人びとの軌跡』(岩波書店)，『ドキュメント昭和天皇』全 8 巻(緑風出版)，『反忠——神坂哲の 72 万字』(一葉社)『これに増す悲しきことの何かあらん——靖国合祀拒否・大阪判決の射程』(七つ森書館)，『不服従の肖像』(樹花舎)など個人の自由と国家の関係を問う著書多数．

囚われた若き僧 峯尾節堂 未決の大逆事件と現代

2018 年 2 月 15 日　第 1 刷発行

著　者　田中伸尚《たなかのぶまさ》

発行者　岡 本　厚

発行所　株式会社 岩波書店
〒101-8002 東京都千代田区一ツ橋 2-5-5
電話案内 03-5210-4000
http://www.iwanami.co.jp/

印刷・理想社　カバー・半七印刷　製本・松岳社

© Nobumasa Tanaka 2018
ISBN 978-4-00-061247-0　Printed in Japan

田中伸尚の本

大逆事件——死と生の群像
岩波現代文庫
本体一三四〇円

飾らず、偽らず、欺かず 菅野須賀子と伊藤野枝
四六判二四〇頁
本体二一〇〇円

未完の戦時下抵抗——屈せざる人びとの軌跡
四六判三三〇頁
本体三二〇〇円

抵抗のモダンガール 作曲家・吉田隆子
四六判一六六頁
本体一九〇〇円

行動する預言者 崔昌華——ある在日韓国人牧師の生涯
四六判三七二頁
本体三〇〇〇円

岩波書店刊

定価は表示価格に消費税が加算されます
2018年2月現在